100 x Annie

100 x Annie

Gedichten en verhalen voor kinderen van Annie M. G. Schmidt

Met tekeningen van Wim Bijmoer, Gerda Dendooven, Harrie Geelen, Annemarie van Haeringen, Carl Hollander, Philip Hopman, Jan Jutte, Martijn van der Linden, Thé Tjong-Khing, Marije Tolman, Max Velthuijs, Fiep Westendorp en Sylvia Weve

Amsterdam · Antwerpen
Em. Querido's Uitgeverij BV
2011

www.queridokinderboeken.nl
www.anniemgschmidt.nl
www.annie-mg.com

Omslag J. Tapperwijn
Omslagillustraties Harrie Geelen, Carl Hollander,
Philip Hopman, Thé Tjong-Khing, Fiep Westendorp
Vormgeving binnenwerk Irma Hornman, Studio Cursief

ISBN 978 90 451 1201 5 / NUR 280

Inhoud

Zeven motten

MET EEN TEKENING VAN SYLVIA WEVE

Zeven motten in een mantel,
wiedele wintel, wiedele wantel,
zeven motten in een mantel van mevrouw.
Die twee grote zijn de ouders
en die wonen in de schouders
en de kindertjes die zitten in de mouw.

Moeder Mot zegt: Is het lekker?
Morgen gaan we naar de jekker,
morgen gaan we naar de jekker van meneer!
En dan krijgen we als toetje
nog een heerlijk vilten hoedje,
o, zo'n lekker vilten hoedje, met een veer!

Eerst maar zoet die mouw opeten
en 't manchetje niet vergeten!
Als die mouw op is, dat zeg ik jullie vast,
mag je naar het mottenschooltje
in dat roze kamizooltje
op het allerhoogste plankje van de kast.

Wiedele wintel, wiedele wantel,
zeven motten in een mantel.
Dan gebeurt er een verschrikkelijke ramp.
Want ze gaan de kleren luchten
en de motten moeten vluchten
en ze vluchten in de franje van de lamp.

't Kleinste motje zit te klagen
en om ribfluweel te vragen,
maar de vader zegt dan eindelijk, tot slot:
Blijf maar zitten, eet maar franje,
anders komen ze weer an je,
en... zo is het leven, kind... wat mot, dat mot.

Stoffeltje Steven

MET EEN TEKENING VAN PHILIP HOPMAN

Kijk, wie loopt daar langs het riet,
is dat Stoffeltje Steven niet?
Stoffeltje Steven loopt in het groen.
Wat zou Stoffeltje wel gaan doen?
Stoffeltje, Stoffeltje, luister even,
luister even, Stoffeltje Steven!
Ga jij vissen in de sloot,
visjes vangen met kruimeltjes brood?

Ja, zegt Stoffeltje Steven dan,
ja, dat ben ik heus van plan,
'k ga erin met baggerlaarzen
en dan vang ik zeven baarzen,
zeven baarzen en een makreel,
jongens, ó ik vang zoveel!

Daar zit Stoffeltje met zijn net,
heeft z'n emmertje neergezet,
roept zijn hond: Kom hier, Fidel!
Kijk, ik vang die visjes wel.
Stoffeltje Steven, als een mán,
doet z'n baggerlaarzen an,
stapt parmantig door het riet...
Stoffeltje, Stoffeltje, doe het niet!

Och, die Stoffel, even later:
ploemp, daar ligt hij in het water,
ploemp, daar ligt hij in de sloot
met zijn net en 't emmertje brood!
Help, o help, roept Stoffeltje Steven,
vader, moeder, red mijn leven!
Als hij nu maar niet verdrinkt,
in de modder, zwart als inkt.

De zeepoes

Maar, wie komt daar, bliksemsnel?
Ach, die brave hond Fidel
sjort en trekt zo met zijn snuit
Stoffeltje Steven het water uit.
Daar staat Stoffeltje in het riet,
natter jongetje is er niet.
Modder, modder, tot zijn oren,
zul je strakjes moeder horen:

Stoffeltje, wat heb jij gedaan?
Moeder, ik ben uit vissen gegaan.
'k Heb geen baars en 'k heb geen snoek,
'k heb alleen... een natte broek!

De houtwurm

Een houtwurm zat in een keukenstoel
en at en at... een heleboel!
En op de stoel zat tante Mien,
ze had de houtwurm nooit gezien.
Die at maar door
en at maar door
totdat het krikte en krakte
en tante Mien
om kwart voor tien
pardoes door de stoel heen zakte.

De zeepoes woont bij Katseveer.
Men ziet haar uiterst zelden.
Een enk'le keer, bij stralend weer,
zwemt zij een beetje op en neer,
daar in de Oosterschelde.
De zeepoes heeft een vissestaart,
een vissestaart en vinnen.
Maar verder is zij dichtbehaard.
Ze jammert in de maand van maart
en kan uitstekend spinnen.

De zeepoes woont daar al zo lang,
al haast een jaar of zeven.
En voor de zeehond is zij bang,
maar verder gaat ze kalm haar gang.
Ze kan ook kopjes geven.

Ze heeft ook jonkies, 't zijn er twee,
maar 't zijn wel erg natte.
Ze zwemmen altijd met haar mee,
daar in de diepe blauwe zee.
Het zijn zeelapjeskatten.

De zeepoes woont bij Katseveer
tussen de mosselschelpen.
Gaat u 's kijken, op 'n keer?
Maar als u haar niet vindt, meneer,
dan kan ik het niet helpen!

En in de buurt van Katseveer,
daar is ze zeer geliefd.
De zeepoes, zegt een oude heer,
o ja, die zwemt hier wel 's meer.
Daar is ze. Asjeblieft.

Dries en de Weerwolf

MET TEKENINGEN VAN GERDA DENDOOVEN

In het midden van het hartje van het binnenste van het Muiskleurig Gebergte woonde de Weerwolf.

Hij was groot en verschrikkelijk. Zijn ogen sproeiden vuur en zijn tong had karteltjes. Lange witte scherpe tanden had hij en iedere avond om zes uur stiet hij een gebrul uit, waarvan het hele Muiskleurige Gebergte sidderde.

'Moeder, dat is de Weerwolf weer,' zeiden de kinderen van het dorp. Dan werden de luiken en de deuren met grendels afgesloten en iedereen kroop onder de dekens van angst en dan kwam de Weerwolf in het dorp. Dreunend kwam hij de berg af gedraafd, aldoor maar huilend en briesend en hij stormde de dorpsstraat in. Hij bonsde met zijn poten tegen de ramen en deuren, o, het was verschrikkelijk griezelig. En als hij eindelijk weer weg was, had hij wel twaalf geiten en dertig konijnen opgevreten. Maar wat kon je ertegen doen? Niemand wist het en alle mensen waren even bang en ongelukkig.

Maar toen de boze Weerwolf op een avond de oude overgrootmoeder van de gemeentesecretaris opvrat met huid en haar, toen werd het dorp zo vreselijk verontwaardigd! Nu moest er een eind aan komen. Er werd een vergadering gehouden, waar iedereen bij was en er werd besloten om met een grote groep sterke mannen naar het midden van het hartje van het binnenste van het Muiskleurige Gebergte te gaan en de Weerwolf in zijn hol aan te vallen.

Janus, de smid, ging voorop met een heel zware hamer en achter hem kwamen jonge stoere mannen met zeisen en bijlen en houwelen en spiesen en sabels en messen en broodzagen. En helemaal achteraan kwam de gemeentesecretaris, want hij was een behoedzaam man.

Ze gingen 's morgens vroeg, omdat de Weerwolf dan nog sliep en ze klauterden tot dicht bij zijn hol. Maar hij wérd wel wakker, die engerd! Er kwam eerst een allerakeligst gebrul uit het hol, toen een hele regen vonken, toen kwam de Weerwolf zelf. Hij stond een poosje stil op zijn eigen drempel en keek met een gruwzame blik naar buiten. En toen de mannen uit het dorp hem daar zo zagen staan, dat afschuwelijke beest met zijn moordmuil, toen werden ze toch zodanig bang! Of ze het hadden afgesproken, draaiden ze ineens allemaal om, met hun spiesen en houwelen en renden holderdebolder de berg af. Daar kwamen ze aan in het dorp, buiten adem en erg geschrokken. 'Nooit weer naar de Weerwolf,' zeiden ze hijgend tegen de vrouwen en kinderen, die stonden te wachten. Het is een duivels dier. Alleen de gemeentesecretaris zei dat hij wel op zijn eentje verder had gedurfd, maar dat was niet zo.

Nu was er een klein jongetje bij al die wachtende vrouwen en kinderen, en hij heette Dries. En hij dacht bij zichzelf: moet die lelijke Weerwolf nu weer onze geiten en overgrootmoeders gaan opeten? Weet je wat, ik ga stiekem alleen eropaf. En toen niemand keek, sloop hij weg en klom de berg op naar het hol van de Weerwolf. Om een beetje meer moed te krijgen, stak hij een stukje klapkauwgom in zijn mond en begon te kauwen. Nu was hij een kunstenaar in het kauwen van klapkauwgom. Hij kon hele lange draden trekken, hij kon een heel gordijn van kauwgom maken en daar mooie bobbels in blazen, en toen hij bij het hol van de Weerwolf kwam, had hij een reuzegroot vlak van kauwgom tussen zijn tanden. De Weerwolf sliep weer. En omdat Dries zo erg zachtjes dichterbij kwam, hoorde hij niets. Zonder blikken of blozen ging Dries het hol in. Hu, daar lag hij, de griezel!

Zijn bek was halfopen en zijn lange witte tanden staken venijnig naar voren. Dries be-

dacht zich geen ogenblik, nam zijn gordijn van kauwgom en plakte die lelijke muil ermee dicht. Toen kauwde hij nog gauw een paar slierten erbij, wond ze om zijn muil en ziezo, dat was dat!

De kleine Dries sloop het hol uit, ging achter een bosje zitten en wachtte tot de Weerwolf wakker werd. Dat gebeurde na een halfuur. De Weerwolf wilde brullen, maar zijn tong raakte verward in de kauwgom, zijn tanden plakten aan elkaar, de kauwgom kwam in zijn neus en in zijn ogen, hij grolde en bromde en probeerde met zijn poten het spul kwijt te raken, maar het lukte hem niet, hij kwam aldoor vaster in de gom te zitten, tot er eindelijk een stuk in zijn keel schoot en de Weerwolf stikte.

Dries, de kleine jongen, danste vol vreugde om het verslagen beest heen en holde naar beneden om te vertellen wat er gebeurd was. Dat was een blijdschap in het dorp. Iedereen ging kijken en er werd een groot feest gehouden, waarbij Dries met een bloemenkrans om zijn hoofd werd rondgedragen.

Pippeloentje · Broodjes

MET EEN TEKENING VAN HARRIE GEELEN

Kijk, het beertje Pippeloentje
op één slof en op één schoentje.
In het mandje aan z'n pootjes
heeft hij zeven beren-broodjes

die hij even alle zeven
aan de barones moet geven.
't Is een beren-barones
in een huis met een bordes.

Pippeloentje gaat op weg,
maar daarginder, bij de heg
staat hij op z'n achterpootjes
en ruikt even aan de broodjes

voor de beren-barones...
Oei! Nou zijn 't er nog maar zes!
Pippeloentje komt bij 't hek
en, dat is nou toch zo gek,

't is niet helemaal in orde...
want het zijn er vijf geworden!
Kijk, de deur staat op een kier,
maar nou zijn het er nog vier!

Pippeloen loopt door de gang.
Met een hele dikke wang
loopt hij door de gang, en zie,
nou zijn het er nog maar drie.

Onder aan de trap... o wee,
dan zijn het er nog maar twee...
Boven aan de trap van steen...
kijk, dan is 't er nog maar één.

O, daar zit de barones
met een vork en met een mes
en ze zegt: 'k Heb lang gewacht.
Heb je broodjes meegebracht?

'k Dacht dat ik ze nóóit meer kreeg!
wat is dat? De mand is leeg!
Pippeloentje krijgt een kleur
en loopt heel hard naar de deur

en hij holt de trap weer af
en de deur uit in een draf...
op één slof en op één schoentje,
kleine stoute Pippeloentje.

Pluk vindt een huisje

MET TEKENINGEN VAN FIEP WESTENDORP

Pluk had een klein rood kraanwagentje. Hij reed ermee door de hele stad en hij zocht naar een huis om in te wonen. Af en toe stopte hij. En dan vroeg hij aan de mensen: 'Weet u niet een huis voor me?' Dan dachten de mensen even na en zeiden: 'Nee.' Want alle huizen waren vol.

Eindelijk reed Pluk naar het park. Hij zette z'n wagentje tussen twee bomen en ging op een bankje zitten.

'Misschien kan ik vannacht in het park blijven slapen,' zei hij hardop. 'Dan slaap ik in m'n wagentje onder de boom...' En toen hoorde hij een stem boven zich. 'Ik weet een huis voor je,' zei de stem.

Pluk keek op. Op een tak van de grote eikenboom zat een mooie dikke duif.

'Het torentje van de Petteflet staat leeg,' zei de duif.

'Dankjewel,' zei Pluk en hij nam z'n petje af. 'Waar is de Petteflet? En hoe heet je?'

'Ik ben Dollie,' zei de duif. 'En de Petteflet is hier vlakbij. Dat hele hoge flatgebouw daar... zie je wel? Daarbovenop is een torentje. En in dat torentje is een kamertje. En daar woont niemand in. Als je vlug bent, kun je in dat kamertje trekken. Maar je moet wel opschieten want anders is het misschien alweer bewoond.'

'Bedankt,' zei Pluk en hij stapte dadelijk in z'n kraanwagentje en reed naar het flatgebouw. Hij zette z'n wagentje langs de stoep, ging de glazen deur binnen en stapte in de lift.

Zoeffff, daar ging hij naar boven.

Toen hij uitstapte stond hij op de allerhoogste buitengalerij en de wind woei door z'n haren; het was zo verschrikkelijk hoog dat hij duizelig werd. Maar daar zat Dollie de duif op de leuning van de balustrade. Ze was naar boven gevlogen, sneller dan de lift en nu zat ze op hem te wachten.

'Kom maar mee,' zei ze. 'Ja, loop maar mee over de gang. Kijk, daar is de deur van het torentje. De deur is niet op slot. Je kunt er zo in.'

Pluk ging naar binnen. Het was een hele leuke torenkamer, helemaal rond en met ramen aan alle kanten. Omdat het zo hoog was kon je uitkijken over de hele stad. Er stond een bed en een stoel en een kast en er was een vaste wastafel.

'Denk je dat ik hier zomaar mag wonen?' vroeg Pluk.

'Ja hoor,' zei Dollie. 'Het staat leeg. Veel geluk ermee en tot ziens. Ik kom je nog wel eens opzoeken.' En Dollie de duif vloog weg, terug naar het park.

Pluk was erg gelukkig met z'n eigen huisje. Hij bleef een uur lang uitkijken, telkens uit een ander raampje en telkens zag hij weer een ander stukje van de stad. Totdat hij honger kreeg.

'Ik ga boodschappen doen,' zei hij. 'Hier onder in het flatgebouw is een hele rij winkels, dat heb ik gezien.'

Hij ging weer met de lift. En nu stond er iemand anders in de lift. Het was een dame met een grote spuitbus in haar hand. Ze be-

brood en melk en een zak appels.

'Dat is geloof ik alles wat ik nodig heb,' zei Pluk. 'O nee, ik wou nog graag een fijn strip-boek kopen.'

Hij ging het boekwinkeltje in. Er stond een aardige oude heer achter de toonbank.

En terwijl Pluk bezig was een stripverhaal uit te zoeken, vroeg de oude meneer: 'Woon je hier in de flat?'

'Ik woon in het torentje,' zei Pluk. 'Nog maar net.'

'Dan bof je,' zei de oude heer. 'Heb je al andere mensen ontmoet die hier wonen?'

'Nee,' zei Pluk. 'Tenminste... O ja, in de lift stond een dame met een spuitbus.'

'Lieve help! Met een spuitbus? Dat moet mevrouw Helderder geweest zijn. Waar ging ze naartoe?'

'Dat weet ik niet,' zei Pluk. 'Ze stond in de lift en ze ging helemaal tot beneden toe, net als ik. Ik geloof zelfs dat ze nog lager ging met de lift, kan dat? Naar de kelder of zo?'

'O ja, vast! Luister m'n jongen,' zei het oude heertje. 'Ik ben meneer Pen en hoe heet jij?'

'Ik heet Pluk.'

'Mooi. Pluk, wil je asjeblieft naar de kelder gaan? De eerste groene deur in de hal en dan de trap af.'

'Wat moet ik dan doen?' vroeg Pluk.

'Luister,' zei meneer Pen. 'Die mevrouw Helderder loopt de hele dag te spuiten met haar bus. Overal. Die bus is tegen vliegen en muggen en motten en zo... weet je wel? Maar in de kelder woont Zaza.'

'Wie is Zaza?' vroeg Pluk.

'Een vriendje van me,' zei meneer Pen. 'Zaza is een kakkerlak.'

'Een kakkerl...' begon Pluk verbaasd, maar meneer Pen gaf hem een duwtje en riep:

keek Pluk van top tot teen. En toen vroeg ze: 'Woon jij hier?'

'Ja mevrouw,' zei Pluk beleefd.

'Waar woon je dan?' vroeg de dame. 'In welke flat? Op welk nummer?'

'Ik woon in het torentje,' zei Pluk.

'In de torenkamer?' vroeg de dame. 'Zo zo!' Ze bekeek hem weer met hele koude ogen en Pluk was bang dat ze zou vragen: 'Mag dat wel?' Of: 'Heb je wel een vergunning om daar te wonen?' Maar gelukkig was de lift beneden voor ze verder iets kon vragen en Pluk ging er haastig uit en holde weg, naar buiten, naar de winkelgalerij. Hij kocht

'Gauw, asjeblieft! Schiet op... anders wordt Zaza doodgespoten.' Pluk holde het winkeltje uit, draafde de hal in, ging door de groene deur de trap af naar de kelder en daar kwam hem een benauwde geur tegemoet. De geur van een spuitbus.

Hij stond in een hele grote ruimte. Het was er heet en droog; hier stond de motor van de centrale verwarming en verder was het er leeg en hol en schemerig en het stonk heel erg naar de spuitbus.

Het eerste wat Pluk deed was een raampje openzetten. Toen ging hij zoeken naar het vriendje van meneer Pen. Een kakkerlak... Wie heeft er nou een kakkerlak als vriend... dacht Pluk. En hij riep: 'Zaza!'

Er kwam geen antwoord. Voetje voor voetje liep hij de kelder door, overal speurend, totdat hij eindelijk in een hoekje iets zag liggen. Een klein beestje. Dat was de kakkerlak Zaza. Hij lag op z'n ruggetje met z'n pootjes naar boven. Dood.

'Arme Zaza,' zei Pluk. Hij nam het diertje op en legde het vlak bij het open kelderraam. Toen ging hij terug naar meneer Pen.

'Te laat,' zei Pluk. 'Hij is dood.'

Meneer Pen zuchtte. 'Niet dat ik nou zo dol op kakkerlakken ben in 't algemeen,' zei hij. 'Maar zie je, dit was een heel speciale kakkerlak, een hele aardige, en zo intelligent. Dood, zeg je? Door de spuitbus natuurlijk. Die mevrouw Helderder zal nog eens alles doodspuiten wat leeft hier in de buurt. Ze is altijd bezig met de spuitbus, tenminste als ze niet staat te boenen of te vegen. Té schoon, weet je. En té netjes. 't Is haar nooit helder genoeg, het moet altijd Helderder... daarom heet ze geloof ik zo. Maar bedankt voor de moeite m'n jongen, en kom nog eens een keer weer.'

Pluk ging met z'n boodschappen op weg naar de lift, maar ineens bedacht hij dat de zak appeltjes nog in de kelder lag. Haastig ging hij terug om de zak te halen. Toen hij ermee weg wou lopen hoorde hij een heel klein, heel bedremmeld stemmetje zeggen: 'Ik lust wel een appelschilletje.' Pluk draaide zich verbaasd om. En daar vlak bij het kelderraam zat de kakkerlak Zaza, recht op z'n pootjes en heel tierig.

'Ik was flauwgevallen,' zei hij. 'Maar nu ben ik weer beter. Zou ze weer terugkomen met die vreselijke spuitbus?'

'Ik weet niet,' zei Pluk. 'Ik denk dat je beter met me mee kunt gaan naar mijn torenkamer. Daar komt ze niet. En je krijgt voortaan al mijn appelschilletjes.'

Hij nam Zaza voorzichtig op en deed hem bij de appelen in de zak.

Toen hij die avond naar bed ging was hij heel gelukkig. Ik heb een huis, dacht hij. En ik heb al twee vrienden. Nee, drie! Dollie en meneer Pen en Zaza.

'Lig je lekker Zaza?' riep hij.

Zaza lag in een lucifersdoosje met watten. 'Prima!' riep hij met z'n hele kleine kakkerlakkenstem.

'Tot morgen dan,' zei Pluk. En hij sliep in.

16

Jip & Janneke · Takkie is een lief hondje

MET EEN TEKENING VAN FIEP WESTENDORP

'Takkie,' zegt Jip. 'Van wie hou je meer, van mij of van Janneke? Zeg het eens, Takkie.'

'Waf,' zegt Takkie.

'Hou je meer van mij?' vraagt Janneke.

'Waf,' zegt Takkie.

Nu weten ze het nog niet. Want wat is nou waf?

'Weet je wat,' zegt Jip, 'ik loop deze kant uit. En jij moet die kant uit lopen, Janneke. En dan kijken we met wie Takkie meeloopt.'

'Goed,' zegt Janneke. 'Maar dan moet je hem niet roepen.'

Ze lopen elk een andere kant uit. En Takkie?

Takkie blijft zitten. Hij kijkt eerst naar Jip en dan weer naar Janneke. Hij kijkt aldoor van de een naar de ander. Maar hij blijft zitten en hij jankt een beetje.

'Hij houdt van ons allebei evenveel,' zegt Janneke. 'Zie je wel?' En dat is ook zo.

Takkie is een heel lief hondje. Maar hij is zo bang voor de poes. Telkens vergeet hij weer dat er ook een poes is. Telkens komt Takkie vrolijk binnen bij Janneke thuis, om uit zijn bak te eten. En dan hoort hij Sjjjjj! Dat is de poes. Die staat daar met een dikke staart. En ze blaast heel hard. Zij is heel boos op Takkie. Dan schrikt Takkie zo dat hij hard wegloopt. Met zijn staart tussen de pootjes.

'Kom maar hier, hoor,' zegt Janneke, en neemt hem op schoot. 'Je bent een echt flauw hondje. Je bent een bang hondje, Takkie.'

Maar Takkie is ook nog maar zo klein. En de poes heeft zooo'n dikke staart.

'Het zal wel wennen,' zegt Jannekes moeder. 'Over een poosje slapen ze samen in één mandje.'

Sjjjj, blaast poes. Net of ze zeggen wil: 'In één mandje? Nooit van mijn leven!'

Flopje wou een nieuw hansopje

MET EEN TEKENING VAN MARTIJN VAN DER LINDEN

Kinderen, heb je het goed begrepen:
alle zebraatjes hebben strepen,
alle zebraatjes, let maar op,
hebben een zwartgestreept hansop.
Waarom lach je? Lach je me uit?
Hemeltje, dáár staat er een met een ruit!
Dáár staat er een met een ruiten hansopje!
O, maar dat is geen gewoon zebraatje,
dat is Flopje!

Vroeger was Flopje heel gewoon,
vroeger had Flopje een strepenpatroon.
Maar op zekere dag zei Flopje:
Moeder, mag ik een hansopje?
Een met een bloemetje, of met een nopje,
of met figuurtjes of andere dingetjes,
of met konijntjes of zomaar met kringetjes?

Nee, zei moeder, want ik ben bang
dat je precies lijkt op het behang.
Strepen, zei moeder, is altijd apart,
wit en zwart en wit en zwart,
zebraatjes hebben toch altijd strepen?
Altijd strepen, goed begrepen?

Toen is Flopje gaan hollen en hollen en
    hollen
en hollen en hollen en hollen en niemand
    weet
waar naar toe en toen hij terugkwam had hij
een ruiten hansopje aan, lekker!

Bah, zei vader, tot je straf
wassen wij die ruit eraf.

Nee, o nee, zei moeder, nee,
want dan gaan de strepen mee,
dan is Flopje helemaal bloot,
zonder strepen gaat hij dood!
Weet je wat, zei moeder trots,
nu is onze Flopje Schots.

Toen kwam 't grote Zebra-feest,
alle zebraatjes zijn er geweest
en ook Flopje met zijn hansopje
en zijn naam is nu: Mac Flopje.

Vissenconcert

MET EEN TEKENING VAN ANNEMARIE VAN HAERINGEN

Omdat de vissen zich zo vervelen...
omdat het leven zo treurig werd,
gaan ze een beetje piano spelen,
geven ze samen een groot concert.
Twee kleine vorentjes
spelen op horentjes
en een sardientje speelt op zijn fagot.
Hup falderie, zegt de bot.

Sommige baarzen en sommige blieken
houden van Mozart en Mendelssohn;
willen alleen maar dat hele klassieke
en het klinkt allemaal wonderschoon.

Een der forellen
speelt Unter den Wellen
heel in z'n eentje gezapig en kalm...
Schei daarmee uit... zegt de zalm.

Laten we allemaal 't zelfde spelen,
dat is veel prettiger bij een orkest.

En al de snoeken en al de makrelen
beginnen opnieuw en ze doen zo hun best.

Enkel de oester
speelt woester en woester,
hij heeft bijzonder veel temperament.
Husj... zegt de dirigent.

Voor in 't orkest zitten veertig garnalen.
En de solist is een stokoude kreeft;
hij heeft dat innige muzikale
wat men maar zelden heeft.
Vier kleine karpertjes
spelen op harpertjes,
spelen het vissenkwartet tot besluit.
Pringgg... en dan is het uit.

Iedereen klapt enthousiast in zijn vinnen
en twee bekoorlijke zeemeerminnen
zeggen: Dit willen we nimmer meer missen!
Iedere week een concert van de vissen!

De beer uit Breukelen

MET EEN TEKENING VAN HARRIE GEELEN

Er zijn niet veel beren in Breukelen meer,
je komt ze niet dikwijls meer tegen.
Er is er nog eentje, een stokoude beer,
die wandelt daar langs de wegen.
Zo 's avonds in 't donker, daar kuiert hij dan,
die stokoude beer, met zijn bontjasje an.

Een poosje geleden, toen was er een bal
in Breukelen, bij meneer Jansen.
Er speelde een prachtig orkest in de hal
en iedereen was aan het dansen.
Toen sloeg het tien uren en iedereen vroeg:
Waar blijft de baron Van der Hoegeleboeg?

En juist op dat ogenblik, kijk 's, wel wel...
daar kwam net die beer aangelopen.
Hij drukte per ongeluk tegen de bel.
De huisknecht deed dadelijk open
en schreeuwde gewichtig, zo hard als hij kon:
Hier is zijne hoogheid, meneer de baron!!

En iedereen juichte: Wees welkom, baron!
De beer werd zo aardig ontvangen.
De gastvrouw riep, in haar satijnen japon:
Zal ik soms uw bontjas ophangen?
De beer stond te brommen. Hij hield daar
    niet van,
hij schudde zijn kop en de jas hield hij an.

Hij at zeven taartjes en dronk een glas port.
Hij wilde ook één keertje dansen,
toen liep hij de deur uit. Ineens was ie vort!
Wat jammer nou, zei meneer Jansen,
nu gaat hij al weg en het is nog zo vroeg,
die beste baron Van der Hoegeleboeg!

En iedere dame zei tegen haar man:
Kijk, zie je, zó schijnt het te horen!
Zo moet het op feesten. Je jas hou je aan,
zo'n jas zonder knopen van voren.
Dus denk erom, als je op avondjes komt:
dan hou je je bontjas maar aan. En je bromt!

En de beer? Die zit weer in 't Breukelse Woud.
Hij is het vergeten. Hij is ook zo oud...

De koning op de step

MET EEN TEKENING VAN JAN JUTTE

Er was er eens een koning
in een hele verre streek,
hij had een kroon voor 's zondags
en ook een voor in de week,
hij had een hermelijnen jas,
hij had een wit kasteel
en dertig paarden voor de koets
en dat is nogal veel.
Hij kon dus erg tevreden zijn
maar ach, hij was het níét.
Heel treurig zat hij voor het raam,
zijn blik was vol verdriet.
En als de koningin dan zei:
Wat heb je toch? Wat heb je?
dan zei de koning treurig:
Ik wil een keer op een stepje.

De koningin riep: nee, o nee
en zij begon te rillen.
Ze zei: Daar is geen kwestie van
hoe kun je dat nou willen.
Een koning op de step
dat is toch veel te ongewoon.
Blijf liever keurig zitten
op je mooie gouden troon!
Zo zaten ze te kibbelen
tot 's middags half twee.
De koning zei: Ik wil het
en de koningin zei: Nee.
Maar 's morgens vroeg toen kwam
de koningin aan het ontbijt.
Ze riep: Waar is mijn heer gemaal?
Ik ben de koning kwijt!
Ze keek in alle zalen en ze riep

Zeven mannetjes

zes keer zijn naam.
Toen keek ze heel toevallig even
uit het keukenraam
en kijk daar reed hij langs de stoep,
hij ging er juist vandoor.
Daar reed hij op zijn stepje
en zijn kroon stond op één oor.

En alle mensen juichten
en ze zwaaiden met de vlag
en sindsdien gaat de koning
op zijn stepje, elke dag.
De koningin zegt telkens weer:
Ik blijf het schand'lijk vinden.
De koning zegt: Dat is dan sneu,
maar even goeie vrinden
en geef me nou een kopje thee
mét suiker ja, één schepje!
Bah, zegt de koningin dan boos,
een kóning op een stepje!

Vanmorgen over de Maliebaan
zag ik zeven mannetjes gaan,
ze liepen allemaal achter elkaar
met grote strikken in hun haar,
met grote strikken op hun schoen.
Wat zouden die mannetjes daar toch doen?
Wat liepen die mannetjes daar toch raar
met al die strikken in hun haar.
Ik vroeg het aan Jan en alleman
maar niemand wist er het fijne van.
Je moet zo vanavond eens kijken gaan,
vanavond laat op de Maliebaan,
je moet maar eens kijken, en laten we hopen,
dat die mannetjes daar nog altijd lopen!

Liever kat dan dame

Er was eens een dame in Bronk aan de Rijn,
die zei: Ik had liever een kat willen zijn.
Ik hoef me gelukkig voor niemand te
    schamen,
maar toch ben ik liever een kat dan een dame.

Waarna zij zich fluks naar de leeszaal repte
en een toverboek leende met toverrecepten.
Op bladzijde negentien stond, onder andere:
Hoe gij uzelf in een kat kunt veranderen.

Dat was het recept en zij kon dus beginnen.
Zij was al een eindje gevorderd in spinnen.
Zij gaf al een kopje, maar toen, na twee weken
was de uitleentermijn van de leeszaal
    verstreken

en moest dus dat boek naar de leeszaal terug.
Wel, dat was natuurlijk een beetje te vlug.
Toen moest deze dame haar pogingen staken
midden in het hoofdstukje Kroelen op daken.

Ze zei: Het is vervelend zo alles tezamen,
maar goed, als het zo staat, dan blijf ik maar
    dame.
Nu zit zij dus weer in het daaglijks bestuur
van de huisvrouwenbond, maar des nachts
    om één uur,
dan gaat zij het vlierinkje op zonder bril
en als zij een muis ziet, dan zit ze heel stil.

En laatst kwam ik eventjes daar op visite.
Zij dronk juist haar schoteltje melk, in de
    suite.
Toen dacht ik oei, oei en ik moest het
    beamen:
zij is nog geen kat, maar toch ook niet meer
    dame.

De prinses met de gouden haren

MET TEKENINGEN VAN MARTIJN VAN DER LINDEN

'Vader, ik trek de wijde wereld in,' zei Hans, de molenaarszoon. 'Wat ga je doen in de wijde wereld, Hans,' zei z'n vader. 'Je bezit geen cent!'

'Toch ga ik weg,' zei Hans. Hij pakte zijn rugzak, stopte er vier boterhammen met kaas in en een fles melk en zei iedereen goeiendag, zijn vader, zijn moeder, zijn broers, de kat en de kanarie en ook... het molenmannetje. Het molenmannetje was een klein dwergje, dat in de molen zat. Hans was altijd dikke vrienden met hem geweest.

'Och, ga je heus weg,' vroeg het mannetje schreiend.

'Huil maar niet,' zei Hans. 'Tot ziens!' en hij gaf hem twee van zijn boterhammen en zijn gouden horloge als aandenken. En het mannetje gaf hem een houten fluitje. 'Dat moet je goed bewaren,' zei hij. 'Pas als je echt hulp nodig hebt mag je erop fluiten. Dan zul je zien wat er gebeurt.'

'Dankjewel,' zei Hans en ging nu heus, de wijde wereld in. Hij liep overdag in de zon en de regen, werkte voor boeren en trok steeds verder. 's Nachts sliep hij onder een heg, of in een schuur en hij voelde zich heel gelukkig. Soms had hij honger, dan wilde hij eigenlijk graag op het fluitje blazen, maar nee, dacht Hans, zover is het nog niet, misschien komt er een ogenblik dat ik het harder nodig heb.

Na zeven dagen trekken kwam Hans eindelijk in de hoofdstad van het land. Hij zag daar alle mensen met heel treurige gezichten lopen. 'Wat is er toch aan de hand,' vroeg hij. En iedereen zei met tranen in de ogen: 'Er is weer iemand opgegeten door de vijverschildpad.' 'Wat is dat, de vijverschildpad,' zei Hans. 'Weet je dat niet?' vroegen de mensen verbaasd. 'Je weet toch wel van de prinses met de gouden haren?' 'Nee,' zei Hans, 'daar weet ik niets van.'

Nou, toen vertelden ze hem het verhaal: de koning van het land die een eindje verder in een prachtig paleis woonde, had een dochter, een prinses met gouden haar. Ze had altijd een kroontje van diamanten opgehad, maar een poos geleden was dat kroontje in de vijver van de paleistuin gevallen. Die arme

prinses was ontroostbaar. En diegene die het kroontje uit die vijver kon halen, zou met haar mogen trouwen. 'Er zijn er wel vijftig die het geprobeerd hebben,' zeiden de mensen in de hoofdstad treurig, maar ze zijn allemaal opgegeten door de vreselijk bloeddorstige schildpad, die in die vijver rondzwemt.'

'Ik zal het ook eens proberen,' riep Hans, maar een oud vrouwtje, dat naast hem stond, zei: 'O, doe het toch niet. Je bent zo'n aardige jongen, de schildpad zal jou ook opeten.'

'Dat zullen we nog wel eens zien,' zei Hans, en hij ging zich aanmelden aan het paleis.

De koning zelf deed open en bekeek hem van onder tot boven. 'Kom je hier voor de prinses?' vroeg hij. 'Ja, sire,' zei Hans, heel bedremmeld. 'Ik zal je de vijver wijzen,' zei de koning.

Nu, toen Hans er vlak voor stond, zag hij de schildpad al zitten, met een open bek vol verschrikkelijke tanden. Moest hij nu in de vijver duiken? Hij wachtte een poosje en haalde toen het fluitje uit zijn zak en blies erop. En toen kwam er ineens een donderend lawaai en daar om de hoek van het paleis kwam het molenmannetje aanrennen en twee hele grote molenstenen rolde hij voor zich uit. 't Ging allemaal zo vlug, dat Hans nauwelijks tot tien kon tellen in die tijd.

De molenstenen rolden met donderend geweld in de vijver. Het water spatte huizenhoog op, iedereen die om de vijver stond was kletsnat. Hans ook, maar toen hij de natte haren uit zijn ogen streek zag hij het diamanten kroontje van de prinses vlak voor hem op de oever liggen; het was door het water omhooggegooid en de schildpad lag morsdood op de bodem. 'Hoera voor Hans,' riepen alle mensen eromheen. Toen mocht Hans de prinses zien en het was werkelijk een hele mooie prinses met gouden haren. De bruiloft werd gevierd en de hele stad vierde feest en het molenmannetje mocht mee aan tafel zitten en kreeg een klein bordje en een klein mesje en een klein vorkje.

De tand

O wat een toestand met Jan van den Bos:
z'n tandje zat los, ja, z'n tandje zat los!
Het wiebelde wiebelde wiebelde maar –
en pijn deed het niet, maar 't gevoel was zo naar.
Hij durfde niet eten, hij zat op de grond
met een woedend gezicht en z'n hand voor z'n mond.

Moeder zei: Hoor 's, dat kan zo niet, Jantje.
We binden gewoonweg een draad aan het tandje
en 't andere eind van de draad aan de deur.
Dan doen we de deur dicht en uit is 't gezeur!

Nee! jammerde Jantje, nee moeder, niet doen!
En weg holde Jan, heel hard naar 't plantsoen.
Hij rende en rende – en keek nog 's om –
hij viel op z'n neus en daar lag ie dan – bom!
Hij krabbelde dadelijk weer op de been
en veegde zijn bloes af en keek om zich heen.
En wat lag daar naast hem, gewoon in het zand?

de tand!

En Jan ging naar huis, heeft z'n mondje gespoeld
en zei tegen moeder: Ik heb niks gevoeld.
En moeder zei: Fijn en bekeek 'm poosje
en deed toen de tand in een lucifersdoosje.

En toen hij op school kwam, moest iedereen kijken.
De juffrouw en Peter, en Kees en Marijke.
Kijk nou toch 's, Joris, kijk nou toch 's, Joosje!
Een gat in mijn mond en een tand in m'n doosje.

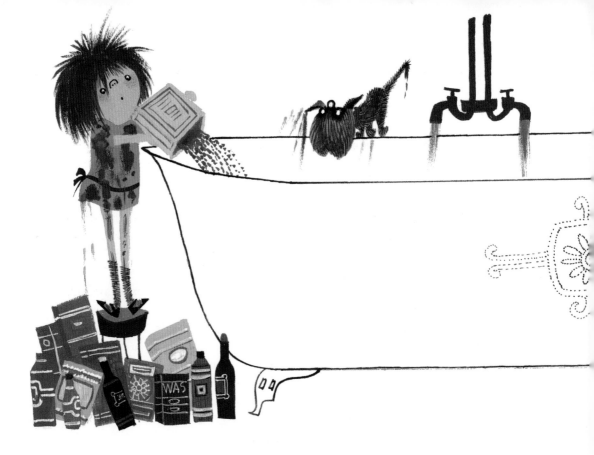

Floddertje · Schuim

MET TEKENINGEN VAN FIEP WESTENDORP

'Luister eens, Floddertje,' zei moeder.

'Ik ga even boodschappen doen en jij blijft alleen in huis. Je bent net in bad geweest met je hondje Smeerkees. Zorg vooral dat je schoon blijft. Eet je boterham met jam op. En maak vooral het ontbijtlaken niet vuil. Tot zo meteen.'

Moeder reed weg op de brommer en Floddertje zei: 'Kom maar op m'n schoot, Smeerkees.'

Het hondje sprong op haar schoot, gaf haar een lik en kwispelde toen met zijn staart de hele boterham van haar bordje af.

Daar lag de boterham met de jam naar beneden op het schone ontbijtlaken.

'Kijk nou wat je doet!' riep Floddertje boos.

Ze veegde het laken af, maar nu zat ook haar jurk onder de jam.

In minder dan geen tijd was alles nog veel viezer. En zijzelf ook en Smeerkees ook. 'Dan maar weer in het bad,' zei ze. Floddertjes ouders hadden een hele grote badkamer met een heel groot bad, omdat ze zo'n bijzonder vuil kind hadden.

'Zou één pak wasmiddel genoeg zijn?' vroeg Floddertje. 'Of zal ik ze allemaal nemen?'

In de kast stonden tien super-monster-reuzen-pakken wasmiddel.

Floddertje gooide ze alle tien leeg in het bad.

En ze goot er nog vijf flessen vloeibare vaatwas bovenop.

Toen ging ze met al haar kleertjes aan in het bad zitten.

Mét Smeerkees en mét het ontbijtlaken. En ze deed de kraan wijd open. O, wat een schuim!

Ze speelden en ze stoeiden en het was erg leuk.

Er kwam wel steeds meer schuim. En nog meer en nog meer. Het drong in hun oogjes en ze konden niets meer zien.

Floddertje wilde de kraan dichtdoen, maar nu was de hele badkamer vol schuim en ze kon de kraan niet meer vinden.

Angstig deed ze de deur open naar het portaal.

In een oogwenk was het portaal vol schuim. En de trap ook. En de gang beneden en de kamer en de keuken.

'We moeten vluchten,' zei Floddertje en ze holde met Smeerkees de straat op. Maar ze liet de voordeur openstaan en het schuim kwam ook naar buiten.

Een paar voorbijgangers bleven staan en vroegen: 'Is er iets aan de hand?' Maar op hetzelfde moment werden ze bedolven door een reusachtige vloed van schuim.

'Een schuimvloed!' gilden de mensen.

Sommigen probeerden het huis binnen te dringen om de kraan te sluiten, maar ze deinsden terug. Enorme vlokken glinsterend schuim bobbelden steeds naar buiten en de hele straat raakte vol.

Alle mensen klommen boven op de geparkeerde auto's.

Floddertje zat met haar hondje op een vrachtauto. En het schuim kwam hoger en hoger.

Alle straten in de hele buurt raakten onder het schuim.

In een telefooncel stond een man die de brandweer opbelde. 'Help!' riep hij door de telefoon. 'Kom onmiddellijk met alles wat u hebt, brandweer!'

Daarna kon hij de cel niet meer uit.

Het was een glazen huisje in een schuim-oceaan.

Toen moeder terugkeerde op haar brommer vol boodschappen, reed ze in volle vaart het schuim in.

Ze wilde om hulp roepen, maar haar mond zat meteen vol schuim en ze kon enkel nog zeggen: 'Gggggggchchch.' Gelukkig kwam de brandweer loeiend en gierend de hoek om.

Een vol uur lang werd er gespoten met de krachtigste slangen, totdat een dappere brandweerman de kraan in Floddertjes huis dichtdraaide.

Toen eindelijk alle straten waren leeggespoten, zeiden de mensen opgetogen: 'Zo'n schone stad hebben we nog nooit gehad!'

En moeder spoelde haar mond en zei daarna: 'Het was wel erg stout van je, Floddertje. Maar je bent nog nooit zo schoon geweest. En Smeerkees ook niet.'

Toen kwam de buurvrouw het ontbijtlaken terugbrengen, dat bij haar naar binnen was gespoeld met al het schuim. En het ontbijtlaken was het schoonst van alles.

31

Wiplala · Vlieg heeft iets gevangen

MET TEKENINGEN VAN PHILIP HOPMAN

Meneer Blom zat te tikken op zijn schrijf-machine. Het was een heel oude, heel hoge schrijfmachine, die verschrikkelijk veel la-waai maakte. Meneer Blom was een geleerde en hij was bezig een boek te schrijven dat heette: *Politieke Spanningen in de Middeleeuwen.* Een heel geleerd boek dus.

Het was voorjaar maar het regende en ze zaten thuis. Johannes en Nella Della waren bezig auto's uit te knippen uit de krant. Mooie nieuwe merken auto's. Met twee grote scharen. Het theewater ruiste op het kachel-tje, de regen kletste in vlagen op de ruiten, de poes Vlieg zat zich te likken en alles was ver-der rustig.

'Ik wou dat er iets gebeurde,' zei Nella Della. 'Ik wou dat we een vliegend tapijt had-den of ik wou dat er iemand van de maan kwam met een vliegend schoteltje!'

'Stil!' riep meneer Blom. 'Ik kan niet wer-ken!'

'Ik wou dat we een ijsje kregen,' fluister-de Johannes, 'en dat we een echte auto had-den.'

'We hebben een saai leven,' zei Nella Della. 'Er gebeurt te weinig.'

'Geef me nog een kopje thee,' zei meneer Blom.

'Je hebt nog geen thee gehad, vader,' zei Nella Della. 'Ik moet nog thee zetten.'

'O nou, doe dat dan.'

Nella Della ging thee zetten in de mooie blauwe theepot. Ze deed de kast open om het theebusje te pakken. De poes Vlieg stak ook zijn neus in de kast en snuffelde op de onder-ste plank.

'Wat is er Vlieg? Ruik je muisjes? Vlieg!'

'Mauw,' zei Vlieg. Ze was een poes die altijd antwoord gaf. Een heel verstandige, wijze poes was ze.

'Kom er nou maar uit,' zei Nella Della. 'Wat zoek je toch daar op de onderste plank – wat – je hebt toch geen muis – Vlieg!'

Nella Della zag een heel klein *iets* wegren-nen door de kamer.

Vlieg stoof erachteraan, langs de richel, en ze verdween in de donkerste hoek van de kamer, achter de divan.

'Wat is er – heeft ze een muis?' vroeg Jo-hannes.

'Ja, een muis of zoiets. Vlieg, wat heb je toch?'

'Wat is dat voor een lawaai?' zei meneer Blom. 'Waarom maken jullie zo'n herrie? Ik kan niet opschieten.'

'Vlieg heeft iets, een muis of zo,' zei Nella Della en ze probeerde te zien wat daar was, achter de divan. Ze hoorde een gek geluidje, ze hoorde Vlieg blazen, er was een kort ge-vecht en toen ineens was het doodstil. Vlieg zat daar in de hoek. Als een klein poezen-standbeeld zo stil zat ze daar.

Nella Della greep achter de divan en dat was heel dapper van haar. 'Ik heb 'm,' zei ze. Ze voelde iets spartelen in haar hand. Johan-nes kwam aanlopen om te zien wat ze had ge-vangen. Maar het spartelende ding gaf zulke gekke geluiden – ze nam het mee naar de tafel, waar het licht was en daar opende zij haar hand.

Op de hand van Nella Della stond een klein mannetje. Een gek mannetje. Een heel gek klein mannetje, met borstelige haartjes, boze oogjes, een zwart broekje, een klein bettel-dresje en een wollen sjaaltje om zijn halsje. Hij keek Nella Della kwaad en toch ook angstig aan. Hij had radeloze oogjes en hij liet zijn tandjes zien.

Nella Della en Johannes stonden sprakeloos naar het wonder te kijken maar meneer Blom had niets gemerkt. Hij tikte verder aan de Politieke Spanningen in de Middeleeuwen.

'Vader!' riep Johannes. 'Vader, kijk toch eens!'

'Stil!' riep meneer Blom. 'Ik kan niet werken.'

'Maar je móét kijken, vader,' zei Nella Della. Ze had haar hand wat steviger om het kleine mannetje heen gelegd, zodat hij niet kon ontsnappen.

Meneer Blom keek. 'Wat is dat?' vroeg hij wat korzelig, alsof hij boos was dat ze hem om zo'n kleinigheid gestoord hadden. 'Is dat een kabouter? Kabouters bestaan niet. Dus dit kan helemaal niet. En laat me nou werken.'

'Maar vader, hij *is* er,' zei Johannes. 'Hier, kijk dan.'

'Hoe heet je?' vroeg hij aan het kleine wezentje. 'Wie ben je? Wat ben je?'

Het ventje zei niets.

'We zullen je geen kwaad doen,' zei Nella Della. 'Ben je een kaboutertje?'

'Ik bén geen kaboutertje,' zei het mannetje verontwaardigd. 'Ik ben een wiplala.'

'O,' zei Nella Della. 'Wat is een wiplala?'

'Dat wat ik ben,' zei het ventje. 'Dat is een wiplala.'

'Je bent een wiplala,' zei Johannes. 'En hoe heet je?'

'Ik heet Wiplala,' zei het wezentje. 'Dat zei ik je toch?'

'Zo. Dus je bént een wiplala, en je heet ook Wiplala?'

'Ja.'

'En waar kom je vandaan?' vroeg Nella Della. 'Nee, wees niet bang. Ik zet je hier neer,

op de tafel. Pas op, stoot je niet tegen de theepot.'

'Waar blijft mijn thee?' vroeg meneer Blom en hij keek over de tafel. 'Wel verdraaid, is die kabouter er nog al?'

'Hij is geen kabouter, vader,' zei Johannes. 'Hij is een wiplala en hij heet ook Wiplala.'

Nu begon meneer Blom toch een beetje ongerust te worden en hij stond op om zich over Wiplala heen te buigen. 'Wat moet je hier en waar kom je vandaan?' vroeg hij een beetje bars.

Wiplala ging zitten, op de tafel. Hij sloeg zijn handjes voor zijn gezichtje en begon te huilen. 'Ik ben weggestuurd door de andere wiplala's,' snikte hij.

'Ach,' zei Nella Della, 'wat naar voor je. Weggestuurd door je eigen vriendjes?'

'Ja,' jammerde Wiplala.

'En toen?'

'Toen ben ik door een mollengang gelopen, heel ver, heel ver, en toen kwam ik ineens hier op de onderste plank van jullie kast terecht. En toen zag ik de pot met pindakaas en daar heb ik van gesnoe-hoe-hoept...'

'Dat heb je ervan, als je de pindakaas op het onderste plankje zet,' zei meneer Blom. 'Op die manier komen er muizen en kabouters op af.'

'Ik ben geen kabouter,' zei Wiplala. 'Ik ben een wiplala.'

'Goed, een wiplala,' zei meneer Blom sussend. 'En wat zijn de bedoelingen verder, meneer Wiplala?'

Het ventje hief zijn betraande gezichtje naar al die grote mensen op en Johannes zei: 'Kijk toch eens naar Vlieg! Die staat nu al een halfuur lang doodstil op dezelfde plaats in de hoek. Vlieg, wat doe je toch? Kom toch hier, Vlieg!'

Maar Vlieg zei helemaal geen mauw of mieuw meer. Vlieg zweeg en stond daar maar doodstil. En Wiplala keek schuldbewust.

'Vlieg!' riep Nella Della verschrikt en ze rende naar de poes. Ze raakte haar aan maar trok verbijsterd haar handje terug. 'Zij is – zij is – een stenen poes geworden!' riep ze.

In een oogwenk was Johannes bij haar en hij nam de stenen poes op. 'Ja, een stenen poes. Een mooie zwartwitte stenen poes.'

Meneer Blom nam de kleine wiplala tussen zijn vingers en keek hem streng aan. 'Wat heb jij met die poes uitgevoerd?' vroeg hij.

'Ik heb hem betinkeld,' zei Wiplala.

'Betinkeld? Je hebt hem betoverd,' zei

Nella Della. 'Je hebt hem in steen veranderd.'

'Wij noemen dat niet toveren, maar tinkelen,' zei het kleine mannetje. 'En als ik hem niet had betinkeld, dan zou hij me hebben opgegeten. Hij speelde al met me. Hij sloeg naar me met zijn griezelige nagels! Ik móést hem betinkelen!'

'Wil je dan zo goed wezen hem onmiddellijk weer terug te betinkelen?' zei meneer Blom. 'Of anders...' en hij kneep het kleine wezentje tussen zijn vingers.

'Pas op, pas op, vader!' zeiden de kinderen. Maar het was al te laat. Wiplala bewoog zijn handjes heel vlug en heel wonderlijk heen en weer, en meneer Blom was versteend. Maar dan ook letterlijk versteend. Hij was een stenen vader geworden met een stenen snor en stenen kleren.

'O, o, wat heb je gedaan, Wiplala!' riepen Johannes en Nella Della. 'Wat heb je met onze vader gedaan?'

'Betinkeld,' zei Wiplala trots.

'O lieve Wiplala, betinkel hem dan toch terug,' zeiden de kinderen. 'Hij is de enige vader die we hebben en hij is zo lief. En zo knap. En hij werkt zo hard en hij brengt ons

's avonds naar bed en hij vertelt ons verhaaltjes en hij gaat met ons naar Artis! Wiplala, betinkel vader direct terug, hoor je!'

'Maar hij wil me kwaad doen,' zei Wiplala trillend.

'Nee, nee, we beloven je dat hij niets zal doen. Heus, we staan ervoor in. O, alsjeblieft.'

Wiplala bewoog zijn handjes weer, op die gekke rappe manier, en meneer Blom bewoog. Zijn ogen waren niet meer stenen ogen, zijn armen waren niet meer stenen armen. Hij lachte weer en hij riep: 'Waar blijft nu mijn thee?'

'Ik zal thee zetten, vader,' zei Nella Della stralend van geluk.

'Ik heb geloof ik geslapen,' zei meneer Blom. 'Wat gek. Had jij dat gedaan, kleine misselijke kabouter?'

'Wees lief voor hem, vader,' zei Johannes.

'Hij is een klein tovenaartje,' riep Nella Della, terwijl ze kokend water in de theepot schonk. 'Hij kan alles. Hij kan mensen en dieren in steen veranderen. Wil je ook een kopje thee, Wiplala?'

Wiplala zat nog steeds bovenop de tafel. Hij legde een vingertje tegen zijn voorhoofd en zei: 'Wat gek – o wat gek – ik kon het!'

'Wat kon je, Wiplala?'

'Ik kon de poes betinkelen en ik kon die heer betinkelen. En ik kon die heer weer terugbetinkelen.'

'Ja,' zei Johannes. 'Wij vinden het erg knap.'

'En toch ben ik weggestuurd bij de andere wiplala's, omdat ik niet kon tinkelen,' zei Wiplala. 'Ik was een prutser, zeiden ze. Het lukte bij mij nooit. Ik moest een Proef afleggen en het mislukte allemaal. Ik kon niet tinkelen. En nu ineens kan ik het wel.'

'Ja zeker,' zei Nella Della. 'Alleen moet je onze poes nog terugbetinkelen, weet je wel? Vergeet dat vooral niet.'

'Ik durf het niet,' zei Wiplala. 'Dan eet hij me op.'

'Nee,' zei meneer Blom, 'ik zal ervoor zorgen dat hij je niet opeet. Als Vlieg merkt dat je een vriendje van ons bent, dan eet hij je niet op.'

'Ben ik dan een vriendje van jullie?' vroeg Wiplala, blij verrast.

'Natuurlijk ben je een vriendje van ons. We vinden het fijn dat je hier bent.'

'Ja,' zei Johannes, 'en je mag hier wonen en je mag hier slapen en uitgaan met ons. En bij ons eten. Maar je moet Vlieg terugbetinkelen.'

'Goed dan,' zei Wiplala. 'Op jullie verantwoording.' Hij stak zijn handjes in de lucht en bewoog ze snel heen en weer. Vlak voor de stenen ogen van de poes.

Maar er gebeurde niets. Vlieg was van steen en bleef van steen.

Wiplala werd zenuwachtig en probeerde het nog eens. Maar het bleef een stenen poes. Hij werkte nu heel hard en heel zenuwachtig met zijn handjes. Zijn oogjes puilden uit van inspanning en er kwamen heel kleine zweetdruppeltjes op zijn heel kleine voorhoofdje. Het lukte niet. De poes bleef van steen.

'O,' jammerde Nella Della. 'Het gaat niet.'

'Nee, het gaat niet,' zei Wiplala wanhopig. 'Zie je wel – ik kan niet tinkelen. Ik kan het soms, per ongeluk. En dan ineens kan ik het niet meer. Ze hebben groot gelijk, de andere wiplala's. Ik ben een prutser.'

'Nou,' zei meneer Blom, 'dat is dan mooi. Een stenen kat en een wiplala die niet kan tinkelen. Die soms kan tinkelen en soms niet.' En meneer Blom begon weer boos te worden.

'Niet kwaad worden!' riepen Nella Della en Johannes tegelijk. 'Hij kan het niet helpen, nietwaar Wiplala, je kunt het niet helpen? Misschien ben je een beetje moe, misschien moet je eerst een beetje slapen. Morgen kun je onze poes weer terugbetinkelen, is het niet zo?'

'Ik denk het wel,' zei Wiplala weifelend. 'Ik hoop het, ik zal het proberen.'

'Kom, we gaan boterhammen eten bij de thee,' zei Nella Della en ze ging samen met Johannes aan de slag. Ze dekten de tafel en zorgden voor het avondeten. Wiplala kreeg een poppenstoeltje boven op tafel. En een poppentafel en een poppenbordje en een poppenbekertje van plastic. Hij kreeg een boterham in heel kleine dobbelsteentjes gesneden. Met pindakaas, en hij werd steeds vergenoegder. Hij zong van geluk. Hij zong:

Wiplala Wiplala, buiten in 't woud,
's winters is 't gloeiend en 's zomers is 't koud.

Mosterd en suiker en koffie en zout,
Wiplala Wiplala, buiten in 't woud.

'Dat is een vreemd liedje,' zei meneer Blom. 'Een onjuist liedje ook. Het *is* 's winters niet gloeiend en het *is* 's zomers niet koud. Je bedoelt het omgekeerd.'

'Bij ons,' zei Wiplala, 'is het 's winters gloeiend en 's zomers koud.'

'O,' zei meneer Blom, 'dus jullie wonen op het zuidelijk halfrond, als ik het goed begrijp.'

'Ik woon helemaal niet op een halfrond,' zei Wiplala. 'Ik woon, om precies te zijn, helemaal nergens meer.' En hij begon weer te huilen en hele kleine traantjes vielen in zijn heel kleine plastic bekertje.

'Niet huilen, Wiplala,' zei Nella Della. 'Kom maar hier, ik zal je strakjes naar bed brengen. We gaan een heel prachtig bedje voor je maken. In mijn poppenreiswieg mag je slapen. En ik zal je uitkleden.'

'Dat kan ik zelf wel,' zei Wiplala.

'En morgen, na 't ontbijt, betinkel je de kat weer terug,' zei meneer Blom.

Ze gingen allemaal slapen. Midden in de nacht werd Nella Della wakker van een klein handje op haar gezicht.

'Wat is er? Wie is dat?'

'Ik ben het,' zei Wiplala's stemmetje. 'Ik heb de poes terugbetinkeld. Ik kon niet slapen, ik dacht: wacht, nog even proberen. En het ging!'

'O, wat heerlijk,' zuchtte Nella Della.

'Maar nu zit hij voor je bed,' zei Wiplala, 'en ik ben zo bang voor hem.'

'Kom dan maar hier, kleine Wiplala,' zei Nella Della. Ze stopte hem in de mouw van haar pyjama en daar ging Wiplala heerlijk rustig slapen.

Stekelvarkentjes wiegelied

MET EEN TEKENING VAN MARTIJN VAN DER LINDEN

Suja suja Prikkeltje, daar buiten schijnt de maan,
je bent een stekelvarkentje, maar trek het je niet aan,
je bent een stekelvarkentje, dat heb je al begrepen.
De leeuwen hebben manen en de tijgers hebben strepen
en onze tante eekhoorn heeft een rooie wollen staart,
maar jij hebt allemaal stekeltjes en dát is zoveel waard.
Slaap, mijn kleine Prikkeltje, dan word je groot en dik,
dan word je net zo'n stekelvarken als je pa en ik.
Het olifantje heeft een slurf, de beren hebben klauwen,
de papegaai heeft veren, van die groene, van die blauwe,
en onze oom giraffe heeft een héle lange nek,
maar jij hebt allemaal stekeltjes en dat is ook niet gek.
Suja suja Prikkeltje, het is al vreselijk laat,
je bent het mooiste stekelvarken, dat er maar bestaat.
De poezen hebben snorren en daar kunnen ze door spinnen,
de koeien hebben horens en de vissen hebben vinnen,
en onze neef, de otter, heeft een bruinfluwelen jas,
maar jij hebt allemaal stekeltjes, die komen nog te pas.

39

Jip & Janneke · Kraaltjes rijgen

MET EEN TEKENING VAN FIEP WESTENDORP

'Kom je spelen? vraagt Jip.

'Ja,' zegt Janneke. 'Hier ben ik al.'

'Ga je mee hardlopen?' vraagt Jip.

'Nee,' zegt Janneke. 'Ik ga kraaltjes rijgen.'

'Hoe dan?' vraagt Jip.

'Kijk,' zegt Janneke. 'Ik heb een doos met kraaltjes. Ik ga een ketting maken.' En ze laat het zien. Ze heeft een doos vol mooie kraaltjes. Gele en groene en rode en blauwe.

En Janneke gaat op de bank zitten en ze gaat een ketting rijgen.

Jip kijkt ernaar. Het wordt erg mooi.

'Zo,' zegt Janneke. 'Het is al klaar. Wil jij de ketting hebben, Jip?'

'Ja,' zegt Jip. 'Dat wil ik wel.' Hij doet de ketting om zijn hals.

Dan maakt Janneke een ketting voor de poes. En dan een voor Takkie. Het staat erg mooi.

'Nu nog een voor mij,' zegt Janneke.

'Ga nou mee hardlopen,' zegt Jip. Want hij verveelt zich zo. Hij vindt er niks aan.

Maar Janneke heeft de doos kralen van haar moeder gekregen. En ze wil nu alleen maar kraaltjes rijgen. En ze wil niet hardlopen. En ze wil niets anders ook. Ze wil enkel maar rijgen.

Jip bromt een beetje. Want hij verveelt zich zo. Hij stopt een kraal in de bloempot bij het raam. En hij stopt drie kralen in vaders pantoffels. En hij stopt een kraal in de jampot. En hij stopt allemaal kraaltjes in de kaas. In ieder gaatje van de kaas stopt hij een kraal.

En dan stopt hij een kraal in zijn neus. Hij duwt en duwt. Nu zit de kraal in zijn neus.

'Ik heb een kraal in mijn neus,' roept hij.

Maar Janneke luistert niet. Ze heeft het te druk.

'Hij wil er niet meer uit!' roept Jip. Hij peutert en peutert, maar de kraal wil er niet meer uit.

'Au!' gilt Jip. 'Help!'

Dan komt moeder aanlopen. 'Wat is er toch?' zegt ze.

Jip wijst naar zijn neus. Hij moet erg huilen.

'Een kraal?' zegt moeder. 'Laat eens kijken. Je hoofd naar achter doen,' zegt ze. En dan haalt ze de kraal uit Jip zijn neus.

Jip ziet er bleek van. Hij is zo geschrokken.

'Zie je nou,' zegt moeder. 'Dat moet je nooit doen, Jip. Dat is heel gevaarlijk. Het is gelukkig goed afgelopen.'

En dan komt vader thuis. En ze gaan boterhammen eten.

'Ik moet ook gaan eten,' zegt Janneke. En ze gaat naar huis met haar kraaltjes.

Jip vertelt aan vader van de kraal. De kraal in zijn neus.

'Zo zie je,' zegt vader. 'Dat moet je nooit doen.' En dan bijt vader op een kraal. Een kraal uit de jam.

'En kijk eens naar de kaas,' zegt moeder. 'Vol kraaltjes. O Jip!'

Ze moeten allemaal erg lachen. Want overal zijn kralen. Maar vader is toch een beetje boos. Vooral als hij zijn pantoffels aantrekt.

'Janneke moet haar kralen maar niet meer meebrengen,' zegt hij.

Het schaap Veronica · Pannenkoeken

MET EEN TEKENING VAN FIEP WESTENDORP

Kom, zei het schaap Veronica, wij geven
    een dineetje,
wij geven een dineetje bij de lieve dames
    Groen;
en iedereen doet wat, we helpen allemaal
    een beetje.
Wel, zei het schaap Veronica, dat moesten
    we maar doen.

Kom, zei het schaap Veronica, ik bak de
    pannenkoeken.
Maakt u de vermicellisoep en doppertjes en sla?
Ja, zeiden toen de dames Groen, maar... eerst een
    schortje zoeken.
Uw schone witte krullen, juffrouw schaap Veronica!

En ik? zo zei de dominee, ik zou ook wel iets willen.
Ah, zeiden toen de dames Groen, wij hebben iets voor u:
Wat zoudt u ervan denken om de aardappels te schillen?
En maakt u een tomaatje schoon, dat is voor in de zjuu.

Toen ging het schaap Veronica aan 't pannenkoeken bakken!
Ze stond aan het fornuisje met het pannenkoekenmes.
Mirakel, zei de dominee, mag ik er eentje pakken?
Nee, zeiden toen de dames Groen, u krijgt er strakjes zes!

Dan wacht ik, zei de dominee, maar 'k ruik ook soep met ballen,
is het gepermiteerd, dat ik er eventjes van snoep?
O, lieve help, m'n bril, nou is m'n bril erin gevallen...
Wel, zei het schaap Veronica, nu is het brillensoep.

Toen visten zij de bril eruit – dat was een heel gedoe –
en aten soep met ballen en zes pannenkoeken toe.

Daarginds in de tuin

Daarginds in de tuin van de Franse markies
zijn heel geheimzinnige paden
met tulpen en lelies en rozemarijn
en een vijver vol priklimonade.

De kindertjes wiegelen daar in een boot
op de vijver, en zingen een liedje
en als ze niet zingen dan zuigen ze wel;
ze hebben een hééééll lang rietje.

De vijver is rood, als frambozen zo rood
en soms gaan ze pootjebaden.
Ze trekken hun broekjes ontzettend hoog op,
in de vijver met priklimonade.

Soms valt er een jongetje plons! omver...
dan redden ze hem het leven.
De andere kinderen likken hem af
want anders dan zou hij gaan kleven.

't Is fijn in de tuin van de Franse markies
vol bloemen en kronkelpaden,
maar 't allervoornaamste, dat is daar toch wel
de vijver met priklimonade.

Varkentje in Vught

Er is een varkentje in Vught
dat voor de spiegel staat en zucht:
Ik word te dik, ik word te vet,
ik ben niet slank, ik ben gezet.
Ik denk dat ik wat minder eet.
Ik ga een tijdje op dieet,
want ik moet denken aan mijn lijn.
Alleen maar rauwkost en azijn
en af en toe alleen een vrucht,
zo zucht
dat varkentje in Vught.

De burgemeester van Hogezande

MET EEN TEKENING VAN JAN JUTTE

De burgemeester van Hogezande
tekende eendjes op de wanden,
tekende eendjes op de muren
en op de schutting van de buren,
allemaal eendjes op een rijtje,
met een rood krijtje, met een rood krijtje.

En alle mensen in Hogezande
wrongen hun handen, wrongen hun
handen:

Zomeravond

overal eendjes op de ruiten,
op de geheime raadsbesluiten
en op de deuren en op de daken
en op het witte tafellaken
en op de rug van juffrouw Kuiter
en op het standbeeld van De Ruyter,
in het stadhuis en op het station,
omdat hij 't echt niet laten kon.
O wat een toestand in Hogezande.
Iedereen vond het heus een schande.
Eindelijk namen ze een besluit:
de burgemeester moet er 's uit!
Hij moet een jaartje naar de tropen.
Laten we dan maar het beste hopen.
Dat was ontzettend wijs bekeken.
Hij ging op reis naar verre streken.

Gisteren is hij weergekeerd.
Hij heeft het helemaal afgeleerd!
Hij werd met boem-ta-ta ontvangen
en met een bloemenkrans behangen.
't Is nu voorbij en het gaat hem uitstekend
en hij heeft nooit meer een eendje getekend.

De burgemeester van Hogezande
tekent nu tijgertjes op de wanden,
tekent nu tijgertjes op de muren
en op de schutting van de buren,
allemaal tijgertjes op een rijtje,
met een rood krijtje, met een rood krijtje.

Ik lig al in bed,
maar de zon is nog op
en de merel is zó hard aan 't fluiten!
Ik lig al in bed
met de beer en de pop
en verder is iedereen buiten.
De radio speelt
in de kamer benee
of is het hiernaast bij de bakker?
Nou hoor ik een kraan.
O, ze zetten weer thee
en ik ben nog zo vreselijk wakker.

Ik lig al in bed
en ik mag er niet uit,
want de klok heeft al zeven geslagen.
Ik wil een stuk koek
en een halve beschuit,
maar ik durf er niet meer om te vragen.

Ik lig al in bed
en ik speel met mijn teen
en de zon is nog altijd aan 't schijnen.
En ik vind het gemeen
dat ik nou alleen
in mijn bed lig, met dichte gordijnen.

De vlieg Eulalie

Er woonde dicht bij Overschie
een vlieg, die heette Eulalie.
Ze was de mooiste vlieg van 't land,
zo nuffig en zo elegant.
Ze stond een poos op haar balkon
en zoemde zachtjes in de zon.
En onder haar, in 't lover, zat
een bromvlieg op een eikenblad,
een hele mooie groen en blauwe,
die toch zo graag met haar wou trouwen.
Hij voelde zich heel erg alleen
en bromde zachtjes voor zich heen:

Eulalie, Eulalie,
'k ben zo blij dat ik je zie,
kom toch bij me, een twee, drie,
Eulalie.

Maar Eulalie kwam niet zo spoedig,
want Eulalie was zó hoogmoedig,
omdat ze zondag in de stad
een Frans toerist gestoken had.
Ze zong: Hei hei, tra la, hei hei,
hei hei, ik heb Frans bloed in mij.
Ze vond de bromvlieg te gewoon.
Hij bromde dus op droeve toon:

Eulalie, Eulalie,
'k ben zo blij dat ik je zie,
kom toch bij me, een, twee, drie,
Eulalie.

Maar Eulalie op haar balkon
stond maar te zoemen in de zon.
Ze was zó trots en ijdel, ach,
dat zij niet eens de zwaluw zag.
De zwaluw heeft haar ingepikt
en in een oogwenk doorgeslikt
en weg was Eulalie de vlieg.
En nu, als ik me niet bedrieg,
zit nóg de bromvlieg in de bladeren
en snikt: Zij had Frans bloed in d'aderen!
Mijn Eulalie is opgevreten
en ach, ik kan haar niet vergeten...

Eulalie, Eulalie,
dat ik jou nu nooit meer zie
in de buurt van Overschie,
Eulalie.

Pas op voor de hitte

MET EEN TEKENING VAN PHILIP HOPMAN

Denk aan juffrouw Scholten,
die is vandaag gesmolten,
helemaal gesmolten, op de Dam.
Dat kwam door de hitte,
daar is ze in gaan zitten
– als je soms wil weten hoe het kwam.
Ze hebben het voorspeld: pas op, juffrouw, je
    smelt!
Maar ze was ontzettend eigenwijs...
Als een pakje boter,
maar dan alleen wat groter,
is ze uitgelopen, voor 't paleis.

Enkel nog haar tasje
lag daar in een plasje...
Alle kranten hebben het vermeld
op de eerste pagina.
Kijk het zelf maar even na.
Ja, daar staat het, kijk maar: dame smelt.

Die arme juffrouw Scholten...
helemaal gesmolten...
Als dat jou en mij eens overkwam...
Lâ we met die hitte
overal gaan zitten...
maar vooral niet midden op de Dam.

Reus Borremans

MET TEKENINGEN VAN HARRIE GEELEN

Vlak bij het stadje Tidderadeel, aan de voet van een berg, woonde een reus. Hij was dertig meter lang, dat is groot, zelfs voor een reus en hij zag er angstaanjagend uit. Maar dat leek erger dan het was, want deze reus, Borremans heette hij, was braaf en vriendelijk en deed nooit iemand kwaad.

Eenmaal per week bracht hij een bezoek aan het stadje Tidderadeel. Van tevoren blies hij dan op een fluitje, dat wil zeggen, voor hem was het een fluitje maar voor alle mensen klonk het als het geluid van duizend stoomketels. Al het verkeer stond dan stil op straat, iedereen riep: 'O, grutjes, daar komt Borremans, laten we gauw wegwezen,' alle auto's schoten zijstraatjes in en alle melkkarretjes werden aan de kant van de weg gezet, want Borremans had zulke grote voeten dat je vreeslijk moest oppassen er niet onder te komen.

Op zekere dag trouwde de zoon van de burgemeester met de dochter van de notaris. Er was groot feest in Tidderadeel en wekenlang hadden de mensen erover gepraat of het ook nodig was om Borremans bij het feest uit te nodigen. 'Zouden we dat wel doen,' zei de burgemeester, 'we kunnen hem niet een glaasje wijn aanbieden, het zou wel meer dan een heel vat moeten zijn en met één hap eet hij een hele koe op. Zo'n gast bij ons feest kost schatten!'

'Kom nou, burgemeester,' zeiden de wethouders, 'laten we nou die Borremans een stuk of wat gebraden koeien voorzetten en een paar vaten wijn, dan kan hij op het platte dak van het stadhuis gaan zitten met zijn voeten op de markt.'

En zo gebeurde het ook. Borremans zat daar op het stadhuis; op de markt stonden tien gebraden koeien voor hem klaar en tien vaten wijn en tussen zijn voeten schreed het bruidspaar het stadhuis binnen. Daar werden ze getrouwd en onder gejuich van de menigte kwamen ze de stadhuisdeuren weer uit.

'Tjonges, wat regent het hard,' zei de bruidegom.

'Welnee,' zei de bruid, 'kijk eens, de zon schijnt.'

Maar inderdaad, de hoge hoed van de bruidegom was kletsnat en het water stroomde over zijn jas. Maar een paar bruidsmeisjes, die ook doornat werden, keken naar boven en zeiden: 'Borremans huilt!'

En warempel, die grote zware reus Borremans zat daar boven op het stadhuis te huilen, te huilen, het water stroomde met regenbakken tegelijk naar beneden. De burgemeester schreeuwde door een luidspreker naar boven: 'Wat scheelt eraan, meneer Borremans?'

'Ik wil ook trouwen,' schreeuwde Borremans naar beneden en zijn stem klonk als het gedonder van het onweer, alleen veel verdrietiger, ja bijna zielig.

Dat was me wat! De reus Borremans wilde ook trouwen, nu hij gezien had hoe leuk zo'n bruiloft was. Maar waar zou er een vrouw

voor hem te vinden zijn? Borremans riep nu weer naar beneden: 'Weten jullie niet een aardig vrouwtje voor mij?' Heel Tidderadeel stond verschrikt stil en keek naar boven. Na-

tuurlijk, ze begrepen het best dat Borremans ook wel eens bruiloft wilde vieren maar nee, in heel de stad was er geen reuzin. 't Waren daar allemaal gewone meisjes en de aller-

langste was een meter tachtig, en dat was nog veel te klein voor zo'n enorme reus. Gelukkig kreeg er iemand een idee en schreeuwde naar boven: 'Meneer Borremans, zet u eens een advertentie in de *Tidderadeelse Courant!*' Dat was een goede inval. Het grote gezicht van de grote Borremans klaarde helemaal op. Dat zou hij doen! De tranenvloed hield op, hij vierde vrolijk feest tussen de Tidderadelenaren en at in een paar happen zijn tien koeien op en dronk zo eventjes van slok slok zijn wijn. En de volgende avond verscheen in de *Tidderadeelse Courant* de volgende advertentie:

Beschaafde reus, 30 meter, zoekt kennismaking met dito reuzin, flink postuur. Brieven met foto's enz.

Een paar dagen later werden er aan het bureau van de *Tidderadeelse Courant* een paar enorme brieven afgeleverd, zo groot, dat de postbode er geen raad mee wist en elke brief op een aparte vrachtauto werd afgeleverd. Alles bij elkaar kwamen er vier van die reuzenbrieven en in een paar auto's werd deze correspondentie aan het huis van de reus afgeleverd.

De reus Borremans maakte direct de brieven open en bekeek eerst de portretjes van de reuzinnen.

Er was er eentje uit China. Borremans legde de brief opzij, want dat was zelfs hem te ver. De volgende brief kwam uit Lapland, van een Lapse reuzin, die een berenmuts ophad, waar zeker wel vijftig beren voor waren gevild. Ook deze brief werd terzijde gelegd. Dan was er nog een uit Afrika, ook al zo'n eind weg; teleurgesteld legde Borremans ook die weg.

Maar de laatste, och, wat was dat een lief reuzinnetje! Ze was zevenentwintig meter lang, schreef ze en ze woonde in Binkeradeel,

dat was maar vijfhonderd kilometer van Tidderadeel af.

Borremans werd direct verliefd op de aardige krulletjes van dit reuzenmeisje. Hij ging meteen op weg naar Binkeradeel met stappen van honderd meter en dezelfde avond nog kwam hij verloofd terug met de reuzin Klarina aan zijn arm.

Heel Tidderadeel had de vlaggen uitgestoken en juichte het jonge paar toe. En de volgende dag werd een grote bruiloft gevierd aan de voet van de berg. De bruid zorgde voor een feestmaaltijd. Zij had een taart gebakken, een ronde taart, waar wel vijftig mensen omheen konden zitten en waar zij zomaar stukjes van mochten afhappen. Er stond een glas uit de kast van Borremans, vol met wijn, maar het glas was zo groot, dat alle Tidderadelenaren er bekers mee konden vullen. Dan waren er stukken gebraden vlees, zo groot als kippenhokken en een stuk noga, zo groot als een auto, iedereen probeerde ervan te bijten, maar er bleven zoveel gebitten in vastzitten dat dit stuk noga verder verboden werd.

Het werd een groot feest. De bruid zag er snoezig uit met een witte sluier en witte schoenen zo groot als zeilschepen. En de bruidegom had een hoed op zo groot als een fabrieksschoorsteen.

Er werd tot laat in de nacht gedanst en gezongen en gedronken en het bruidspaar was erg, erg gelukkig.

En dat bleven ze ook vele jaren lang. Toen er kinderen kwamen, waren dat reuzenkinderen, die veel kattenkwaad uithaalden. En misschien komt er nog wel eens een verhaaltje over die reuzenkinderen, want dat was me een stel!

Ibbeltje · De frietenmachine

MET TEKENINGEN VAN FIEP WESTENDORP

'Ibbeltje kind, help 's gauw,' riep vader. Hij hijgde en steunde en kreunde en sleepte met een geweldig groot ding dat haast de voordeur niet in kon.

'Wat is dat, vader? Wat een gek ding! Waar is dat voor?'

'Help liever. Blijf niet staan kijken maar help mee. Als jij trekt en als ik duw... toe dan... toe dan... Ja, hij is erdoor. En nou moet het in de keuken staan.'

Ibbeltje hielp mee en na heel veel geduw en gesjor stond het vreemde apparaat in de keuken.

'Waar is het voor, vader?'

'Dat zal ik je zo meteen vertellen. Waar is je moeder? In de boom?'

'Nee, nu niet. Ze is boven. Moeder, kom eens naar beneden!'

'Wat is dat nou,' riep moeder, toen ze het ding in de keuken zag staan. 'Wat een machine, zo groot.'

'Hoe vind je hem, moeder?'

'Ik vind hem prachtig. Hij neemt wel de hele keuken in beslag. En waarvoor dient dat ding?'

'Dit is een frietenapparaat,' zei vader. 'Om volautomatisch frieten in te bakken. Hier gaan de aardappels in. En hier komen de frieten er weer uit. Goudgeel.'

'Wel, wel,' zei moeder. 'Wat vinden ze toch allemaal uit, hè?'

'Geweldig, hè,' riep vader.

Met het frietenapparaat
heb je frieten in een ogenblik,
moet je zien hoe mooi dat gaat,
moet je zien hoe ik dat flik.
Alles wat je hebt te doen:
Knopje hier! Knopje daar!
Dan springt dit licht op groen
en dan is het voor mekaar.

'Maar ik heb toevallig geen aardappelen in huis!' riep moeder.

'O, dat hindert niet, die heb ik meegebracht, een heel mud aardappelen. En die doe ik er dus aan deze kant in.'

'Niet zoveel, niet dat hele mud! Een paar maar,' riep moeder.

'Goed,' zei vader, en hij deed acht aardappelen in de machine.

'En jij mag op het knopje drukken, Ibbeltje.'

Ibbeltje drukte op het knopje. Het zei klik. Maar er gebeurde niets.

'Meer aardappelen,' riep vader en hij deed een halve zak aardappelen erin.

Maar nog werkte het apparaat niet.

Toen werd vader ongeduldig en hij gooide de rest van de zak ook in de machine. 'Zo,' zei hij. 'Druk nog eens.'

'Tjoeketjoeketjoeke drrrrrrrr...' zei het apparaat en het begon te razen en te brommen en te gonzen en te drammen en te klikken en te klakken en te draaien en te zoemen... het was inderdaad machtig.

'Daar komen de frieten al,' juichte Ibbeltje. 'O, wat zijn ze mooi geel.'

'Hou nou maar op, vader. Zet 'm nou af, vader. We hebben genoeg frieten,' riep moeder.

Vader drukte op de knop. Maar het apparaat bleef doorgaan. Het bleef razen en gonzen en brommen en drammen en klikken en klakken en draaien en zoemen.

Vader, o, hij wil niet stoppen,
vader, o, hoe moet dat nou?
Tja, dat ding heeft zoveel knoppen,
tja, ik zie het niet zo gauw.
Deze knop misschien?
Nee dan gaat-ie feller.
Deze knop wellicht?
Nee, nu gaat-ie sneller.
Vader, o, hij blijft maar razen,
vader, dertien teilen vol!
Heel de keuken vol met frieten,
vader, o, dat ding is dol!

'Wat moet ik dan doen? Wat moet ik dan doen?' riep vader.

'Sla 'm stuk!' riep moeder.

'Waarmee, waarmee?'

'Met de voorhamer, met de voorhamer.'

'Waar is die dan?'

'In de voorkamer, in de voorkamer.'

'Nou, daar gaat-ie dan.' En vader nam de reusachtige hamer beet, zwaaide hem boven z'n hoofd en KLENG RENG BANG.

De machine was kapot en dat was lekker rustig.

'Tjonge,' zei moeder. 'De hele keuken vol frieten en ook nog dertien teilen. We waden door de frieten. Kniehoog. Ibbeltje, wil je een portie frieten?'

'Bah nee,' zei Ibbeltje. 'Ik lust helemaal geen frieten.'

'Jij, vader?'

'Voor geen geld,' zei vader. 'Ik eet nooit frieten.'

'Maar wat moeten we dan,' zei moeder wanhopig.

'Ik weet wat,' peinsde vader. Hij nam een stuk karton, schreef daarop: GRATIS FRIETEN, en hing het bordje buiten het raam. 'Ziezo,' zei hij. 'Het raam laten we open. Kijk eens, daar komt het publiek al aan.'

Wel honderd kinderen kwamen van alle

kanten aanhollen. Ze kregen allemaal frieten. Frieten, goudgeel. Frieten, lekker warm.

'Ister geen mayonaise bij?' vroeg 'n klein jongetje.

'Hoor je dat, hij wil ook nog mayonaise,' riep vader. 'Een schop kun je krijgen.'

Maar daar klonk een barse stem: 'Wat moet dat hier?'

Het was de ambtenaar van de ambtelijke bond van ambtenaren, die vroeg: 'Hebt u wel een vergunning om te bakken?'

'Nee,' zei vader.

'Dacht ik al. Hebt u een vergunning om weg te geven.'

'Nee,' zei vader.

'Dacht ik al. Hebt u een vergunning om een bordje buiten te hangen?'

'Nee, dacht ik al,' zei vader.

'Juist, dacht ik al,' zei de ambtenaar. 'Tja, dan bent u het haasje, u krijgt een hoge boete. Twintig gulden. Betaalt u maar meteen.'

'Twintig gulden? Maar, meneer!'

Op dat moment kwamen Rosencrantz en Guildenstern luid mauwend de trap af. Ze vlijden zich langs moeders benen en het was duidelijk dat ze iets te vertellen hadden. Moeder luisterde aandachtig naar hun verhaal en zei toen: 'Dank jullie wel, Rosencrantz en Guildenstern.'

Ze wendde zich tot de ambtenaar en vroeg heel vriendelijk: 'Hoe maakt Marietje het op school?'

'Mijn kleinkind bedoelt u?' vroeg de ambtenaar. 'O mevrouw, prima! Dat is een wonderkind, Marietje! Tien voor rekenen, tien voor tekenen... maar hoe weet u dat ik een kleinkind heb dat Marietje heet?'

'Ik weet dat u nog meer kleinkinderen hebt ook. Tien kleinkinderen. En Gerritje is de stoutste, hè? Die heeft toch gisteren in de erwtensoep gespuugd?'

'Ja, die rakker,' zei de ambtenaar. 'Wilt u fotootjes zien? Hier heb ik fotootjes van alle tien.'

'Graag,' zei moeder. 'O, wat schattig. En dit is zeker Hetty?'

'Nee, dit is Hetty. En die kan eten. Een bord pap en zeven boterhammen en daarna eet ze nog eh... eh...'

'Nou?' vroeg moeder lief. 'Daarna eet ze nog...?'

'Frieten,' zei de ambtenaar.

'Ja ja, daar houden ze immers alle tien zo van?'

'O, mijn kleinkinderen zijn dol op frieten, mevrouw.'

'Wel,' riep vader toen, 'dan zal ik gauw tien zakjes frieten voor ze inpakken. Ibbeltje, help eens mee. Tien zakken frieten voor meneer.'

Vader, moeder en Ibbeltje gingen aan het zakjes vullen en de laatste teil frieten raakte helemaal leeg. Toen haalde vader het bordje van het raam, moeder veegde de restjes van de vloer en Ibbeltje overhandigde tien plastic zakken aan meneer.

'En rijdt u maar hard,' zei moeder, 'anders zijn ze koud als u thuiskomt.'

'Dat zal ik doen,' zei de ambtenaar. 'En welbedankt... O, maar wacht eens... dat proces-verbaal... die boete moet u nog betalen... hoe is uw naam?'

'Waarom wou u mijn naam weten, meneer,' vroeg vader.

'Nou, u had geen vergunning om frieten te bakken.'

'Ik bak geen frieten,' zei vader.

'En u had geen vergunning om frieten weg te geven?'

'Maar er is geen friet in het hele huis,' zei vader.

'Nee, dat is waar,' zuchtte de ambtenaar. 'Maar u had ook geen vergunning om een bordje buiten te hangen.'

'Er hangt helemaal geen bordje buiten, meneer.'

'O nee,' zei de ambtenaar. 'Maar wat kwam ik dan hier doen?'

'U kwam fotootjes laten zien van uw tien kleinkinderen,' zei moeder.

Juist,' zei de ambtenaar. 'Dat is ook zo. Welbedankt dan, en tot ziens.' Hij stapte op zijn brommer. En hij reed weg.

'Hè hè,' zei Ibbeltje. 'En de frieten zijn gelukkig op. Hoe wist je dat, van al die kleinkinderen, moeder?'

'Van Rosencrantz en Guildenstern, natuurlijk,' zei moeder.

'Ja kind,' lachte vader. 'Dat heb je als je de taal der katten verstaat. Je moeder, Ibbeltje, is zóóó wijs. Dat komt... ze is vroeger zelf een kat geweest.'

55

Jip & Janneke · Beer valt uit het vliegtuig

MET EEN TEKENING VAN FIEP WESTENDORP

Jip is naar Schiphol geweest, met vader.

Hij heeft daar vliegtuigen van heel dichtbij gezien. 'Ze zijn nog groter dan ons huis,' vertelt hij. 'Ze zijn zo groot als van hier tot aan de kerk.'

'Dat kan niet,' zegt Janneke. 'Want in de lucht zijn ze maar zóóó klein.'

'Toch is het zo,' zegt Jip. 'En er zitten mensen in. En voorin zit de piloot. Zullen we vliegtuigje spelen?'

Ze zetten stoelen achter elkaar. En de pianokruk is het stuur. Janneke mag mee als mevrouw en de beer en Poppejans zijn haar kinderen. Jip is natuurlijk de piloot.

'Zal je voorzichtig rijden, piloot?' vraagt de mevrouw.

'Rijden?' vraagt de piloot. 'We rijden niet, we vliegen.'

'Zal je zorgen dat mijn kindertjes niet naar beneden vallen?' vraagt de mevrouw weer.

'Ik zal ervoor zorgen, mevrouw,' zegt de piloot. 'En als ze eruit vallen dan hebt u hier een parasjuut. Bind ze daar maar aan vast, mevrouw.'

Daar gaan we dan. Brrr-br-brrr-brrrr... daar gaat het vliegtuig de lucht in.

'O,' roept de mevrouw, 'mijn kindertjes zijn zo duizelig!'

'Niks aan te doen,' zegt de piloot. 'We zijn al honderd meter hoog. We zijn al in Afrika.'

'O,' roept de mevrouw weer, 'mijn ene kind valt uit het raam.'

'Heeft ze een parasjuut aan?' roept de piloot.

'Jawel.'

'Dan hindert het niet. We gaan weer verder.'

'Nu is mijn andere kind ook uit het raam gevallen,' roept de mevrouw.

'Heeft hij een parasjuut aan?'

'Nee. Er was er maar een.'

'Dan is hij dood,' zegt de piloot.

'O, o,' gilt de mevrouw. 'Dan moeten we dadelijk naar beneden.'

Brrrr-brrrr-brrrr... daar gaat het vliegtuig weer naar beneden.

Gelukkig! Allebei de kinderen zijn nog springlevend, de beer zonder parasjuut en Poppejans met parasjuut.

'Dag piloot,' zegt de mevrouw. 'Wel bedankt voor het ritje.'

'Dag mevrouw,' zegt de piloot.

De familie Kribbekat

MET EEN TEKENING VAN ANNEMARIE VAN HAERINGEN

Het hele gezin van Kribbekat
viert feest vandaag, zeg zie je dat?
Papa en mama en de kinderen,
ze vieren feest en ze zeggen: Kom,
we weten wel niet precies waarom,
maar och, dat mag niet hinderen.

Ze hebben een tulband op tafel staan,
ze hebben een koffiekan met een kraan.
De kinderen zijn met z'n vijven,
en vader zuigt aan z'n sigaret.
De kleintjes moesten al lang naar bed,
maar mogen nog eventjes blijven.

De oudste zoon heet Snorrehein.
Hij heeft een schelvis aan de lijn,
die heeft hij zelf gevangen.
En op zijn fietsje zit Pipet,
die is zo mollig en rond en vet,
met hele dikke wangen.

Zo zitten ze allemaal bij elkaar
om voor het eerst in 't nieuwe jaar
eens echt plezier te maken.
Pas op, zegt moeder tegen Tom,
pas op, je trekt de koffie om,
pas op, mijn tafellaken!

De eendjes

En moeder bromt en moeder snauwt,
maar kleine Tom is vreselijk stout,
hij is een echt klein schoffie!
En dan ineens, o, voor je 't weet
hangt kleine Tom aan 't tafelkleed
en huup, daar gaat de koffie!

En huup, en rommelebom, daar gaat
de tulband, die op tafel staat
en pats, daar gaande borden!
En moeder schreeuwt: Miauw, miauw!
En vader schreeuwt: Wat krijgen we nou?
Zijn jullie dol geworden?

En alles wat op tafel stond,
dat ligt in stukken op de grond
En Tom zit vol met builen.
Het feest is uit, wat jammer is dat
en de familie Kribbekat
gaat treurig zitten huilen.

Zo gaat het altijd vroeg of laat:
waar katten zijn, is kattekwaad.

Kom, zeiden vanmorgen de eendjes ontroerd,
dat jongetje heeft ons zo dikwijls gevoerd,
we doen het nu anders, we draaien het om.
Nu gaan we het jongetje voeren. Kom!

Ze kochten wat boter, ze kochten wat brood,
ze hadden ook ieder een mand aan hun poot,
ze kochten wat muisjes en toen nog wat sjam,
en gingen naar 't jongetje toe met de tram.

Het jongetje wou net de voordeur uit gaan,
toen hij daar op straat twintig eendjes zag
    staan.
Dag, jongetje, zeiden ze, ga maar naar binnen.
We komen je voeren; we gaan zo beginnen.

Toen moest hij gaan zitten. Hij kreeg een
    servet.
Ze sneden het brood en ze smeerden het vet.
Ze gaven hem stukjes van 't brood, om de
    beurt,
met sjam (appel-bessen) en muisjes (gekleurd).

Hè, zeiden de eendjes, wat leuk is dat nou,
je hebt ons gevoerd, en nu voeren we jou.
Zo, zeiden de eendjes, nou heb je genoeg.
Kom jij eens 'n keer weer bij ons, 's morgens
    vroeg?

Zwartbessie

MET EEN TEKENING VAN WIM BIJMOER

Er was er 's een zwarte kip. Zwartbessie was haar naam.
Die zat aldoor te jammeren en te meieren voor het raam.
Ze wou zo graag gespikkeld zijn. Ze dacht het o, zo dikkels:
Waarom ben ik zo effen zwart? Waarom heb ik geen spikkels?
Och, dacht Zwartbessie verder, och, ik heb ze wel misschien,
maar ja, 't zijn zwarte spikkeltjes, je kunt ze dus niet zien.
Het was een goed idee. En voortaan zei Zwartbessie dus:
Ik ben een zwarte kip, hoera, met zwarte spikkeltjes.
Ze zei het overal, ook aan de veertien andere kippen:
Ik ben een mooie zwarte kip, met mooie zwarte stippen.
Maar al de kippen lachten. En de haan die zei geprikkeld:
Je bent gewoon een zwarte kip, en niet in 't minst gespikkeld!
Wat zielig voor Zwartbessie. O, wat zielig voor Zwartbessie!
Zij ging heel treurig zitten, en toen kreeg zij een depressie.

Ze at niet meer. Ze dronk niet meer. Ze legde nooit meer eieren.
Ze wou alleen maar suffen en ze wou alleen maar meieren.
Ze had al in geen eenentwintig dagen meer gekakeld.
En zij deed nergens meer aan mee. En zij was uitgeschakeld.
En als ze riepen: Kom toch eten! opende zij haar snavel
en stamelde: Ik wil niet meer. Ik kom niet meer aan tafel...

En op een mooie morgen lag zij naast het kippenhok.
Ze had haar ogen dicht. Ze zei geen tak meer en geen tok.
Toen huilden al de kippetjes en schreiend zei de haan:
Nu is Zwartbessie dood. Nu is Zwartbessie heengegaan.
Zij gingen haar begraven, met een hele lange stoet.
De haan had hele mooie zwarte veren op zijn hoed.
Ze gingen haar begraven. En de haan die hield een rede:
Zwartbessie, onze lieve kip, is heden overleden.
Wij staan dus aan het graf van onze dierbare Zwartbessie,
en naar men mij vertelt, is zij gestorven aan depressie.
Wat of dat is, dat weet ik niet. Het enige dat ik weet,
is dat je dan niet leggen wil, en dat je dan niet eet.

We hopen dat we 't zelf niet krijgen, dat is het voornaamste.
Zij was de allerliefste kip, en zeker de bekwaamste.
Voorts wil ik dit nog zeggen, ook al klinkt het ingewikkeld:
zij was een zwarte kip, en zij was prachtig zwart gespikkeld.

En toen hij dat gezegd had, zweeg hij even en hij schrok:
Zwartbessie deed haar ogen open en zei vrolijk: Tok!
Ze sprong springlevend overeind en riep: zo is het dus:
ik ben een zwarte kip en ik heb zwarte spikkeltjes!
Je hebt het toegegeven, dus nu is het wel in orde.
Ik denk dat ik dus echt niet meer begraven hoef te worden.

De kippen hebben 't allemaal een beetje sneu gevonden.
Nu hadden ze voor niets gehuild, en dat is altijd zonde.
Maar goed, ze gingen weer naar huis. En alles kwam terecht.
Zwartbessie heeft dezelfde dag twee eieren gelegd.
Ze heeft een hele grote kom met graantjes opgesmikkeld.
Ze was een zwarte kip en ze was prachtig zwart gespikkeld.
Ze meierde niet meer, ze had ook nooit meer een depressie.
Dat was het, en nu is het uit, 't verhaaltje van Zwartbessie.

Spiegeltje Rondreis

Dit is Omaatje.

En dit is Opaatje.

MET TEKENINGEN VAN FIEP WESTENDORP

Ze woonden in een oud, oud huis met heel veel stoelen. Soms zaten ze op de blauwe stoelen en soms op de roze stoelen en soms op de groene stoelen.

En Omaatje zei: 'Wat hebben we toch een groot huis.'

'Ja, en wat hebben we toch een hoop stoelen,' zei Opaatje. 'En niemand zit erop. Alleen wij.'

'Dat komt omdat onze kleinkinderen allemaal zo ver weg wonen,' zei Omaatje.

En dat was waar. Hun kleinkinderen woonden allemaal heel, heel ver weg. In hele verre vreemde landen. In Japan, in India, in het land van de Arabieren en op de Noordpool.

'Laten we maar weer eens in onze spiegel kijken,' zei Omaatje.

'Hè ja,' zei Opaatje. 'Laten we dat doen. Dat is gezellig.' En dan gingen ze voor de spiegel zitten op de roze stoelen. Nu moet je weten dat dit geen gewone spiegel was. O nee, o nee, het was een Spiegeltje Rondreis. Omaatje en Opaatje hadden dit Spiegeltje Rondreis veertien jaar geleden gekregen van een achternicht die kon toveren. Spiegeltje Rondreis had een mooie ronde gouden lijst maar dat was niet het bijzondere. Nee, het bijzondere was dat Omaatje en Opaatje in die spiegel hun kleinkinderen konden zien. In Japan, in India, in het land van de Arabieren en aan de Noordpool. Ze zagen precies wat hun kleinkinderen daar deden, hoe ze speelden, hoe ze lachten, hoe ze liepen, precies alles. In kleuren. Het was echt leuk, zo'n Spiegeltje Rondreis.

De Japanse kleinkinderen heetten Saki en Soki. Ze hadden Japanse kimonootjes aan en speelden in een piepklein Japans tuintje met een Japans hekje bij hun Japanse huis aan de Japanse rivier.

De kleinkinderen in India heetten Rasjna

en Pasjna. Ze hadden het altijd lekker warm en ze droegen niet zo erg veel kleertjes. Ze hadden een echte grote olifant die bomen kon wegslepen als je ze eerst voor hem omhakte. Ze zaten elke dag bovenop die olifant en ze hadden het verrukkelijk.

De kleinkinderen in het land van de Arabieren, dat waren Kessib en Kassib. Ze woonden in een Arabisch huis aan een Arabische straat, waar kamelen door gingen zoals bij ons de auto's. Soms zaten ze samen op een kameel tussen de twee bulten en schommelden lekker heen en weer.

En dan waren er nog de kleinkinderen op de Noordpool. Dat waren Nanuk en Panuk en ze hadden het natuurlijk veel kouder dan alle andere kleinkinderen bij elkaar. Brrr... daar in dat barre Noorden, waar de sneeuw hoog wordt opgejaagd door de ijskoude poolwind, waar het ijs nooit smelt en waar je in sneeuwhutten moet wonen... Maar Nanuk en Panuk hadden warme eskimo-kleertjes aan met bont van binnen. En ze hadden een eskimo-sleetje met zes dikke poolhonden ervoor en een heel klein poolhondje erachter. (Onthoud dat poolhondje even, wil je?) En ze reden in vliegende vaart over de gladde sneeuw en hadden ontzettend veel plezier.

Zo leefden al die kleinkinderen in die verre vreemde landen en Omaatje en Opaatje keken naar hen in Spiegeltje Rondreis. Ze zagen daarin niet *alle* kleinkinderen tegelijk hoor. Nee, ze zagen maandags de Japanse kleinkinderen, dinsdags de kinderen in India, woensdags helemaal niets (want woensdag was strijkdag en dan had Omaatje het te druk), donderdags de Arabische kinderen en vrijdags de poolkinderen.

Wel, op een zekere maandag keken Omaatje en Opaatje in Spiegeltje Rondreis en zagen dus hun Japanse kleinkinderen Saki en Soki. Saki was het jongetje, Soki was het meisje. Ze hadden een bootje gemaakt en ze dreven in

dat bootje zachtjes langs de oever van de rivier.

'Kijk nou toch die kinderen,' zei Omaatje. 'Het lijkt warempel wel een papieren bootje.'

'Dat is het ook,' zei Opaatje. 'Jazeker, een papieren bootje. Straks wordt het papier nat. En dan zinken ze.'

'En dan verdrinken ze,' zei Omaatje heel zenuwachtig. 'Wat gevaarlijk!'

Ze keken toe hoe het bootje steeds sneller langs de oever gleed, steeds sneller... Saki en Soki hadden erg veel plezier en duwden het scheepje telkens van de wal af. Ja ja, en het papier werd nat en ze zonken steeds dieper...

En hoeps, daar kantelde het bootje.

'O...' jammerde Omaatje.

Maar Saki en Soki sprongen handig net bijtijds op de wal en ze hadden zelfs hun kimonootjes niet nat gemaakt. Het papieren scheepje dreef verder als een verkreukeld vodje.

Omaatje en Opaatje hadden dat alles gezien en ze waren erg ontsteld.

'Wat doen die kinderen toch gevaarlijke dingen,' riep Omaatje.

'Afschuwelijke dingen,' zei Opaatje. 'Zouden hun ouders dat weten?'

'Vast niet,' zei Omaatje.

'Weet je wat,' zei Opaatje. 'We zullen een telegram sturen aan hun ouders om te waarschuwen dat de kinderen gevaarlijke dingen doen.'

En Opaatje stuurde een telegram naar de ouders van Saki en Soki in Japan. En in dat telegram stond: *Kinderen waren in papieren boot stop gevaarlijk stop steek er een stokje voor. Opaatje en Omaatje.*

De ouders van Saki en Soki ontvingen diezelfde dag nog het telegram en ze riepen dadelijk de kinderen bij zich.

'Wat hoor ik daar,' zei de vader van Saki en Soki. 'Hebben jullie gevaren in een papieren bootje?'

'Ja vader,' zeiden Saki en Soki. 'Hoe weet u dat?'

'Van Omaatje en Opaatje,' zei hun vader. 'We hebben een telegram gekregen. Ze hadden het in Spiegeltje Rondreis gezien. Zo zie je dus. Het komt allemaal uit. En denk erom: dat mag niet meer.'

'Nee vader,' zeiden Saki en Soki en ze gingen met hun kimonootjes buiten op het hekje zitten.

Het was dinsdag en Omaatje en Opaatje keken in de spiegel. 't Was India-dag. Daar zaten Pasjna en Rasjna bovenop de olifant. Pasjna was het jongetje, Rasjna was het meisje. Ze hadden een mooi spelletje uitgevonden: gymnastiek doen op die olifantenrug. Pasjna stond op zijn hoofd met de beentjes in de lucht en Rasjna was daarnaast aan het kopje duikelen. Want zo'n rug is zo breed en zo groot dat je er best met z'n tweetjes gymnastiek op kunt doen.

Maar Omaatje die het zag in de spiegel, zei: 'Kijk nou toch eens...'

'Wat griezelig,' zei Opaatje. 'Die kinderen toch...'

'Zouden hun ouders dat weten?' vroeg Omaatje. 'Straks vallen ze eraf. En 't is zo hoog. O, o, wat erg!'

'Ja zeker, zo meteen vallen ze eraf!' riep Opaatje.

Maar Pasjna en Rasjna vielen niet van de olifant. Ze waren erg handig en bedreven en ze waren het zo gewend om op een olifant te rijden. Nee, ze vielen er niet af. Na een poosje verveelde het spelletje hun. En ze zaten weer gewoon achter elkaar op de brede rug van de olifant.

'En toch stuur ik een telegram naar de ouders,' zei Opaatje.

'Gelijk heb je,' zei Omaatje. 'De ouders moeten het weten.'

En er ging een telegram naar de ouders in India. En daar stond in: *Kinderen stonden op hoofd op olifant stop gevaarlijk stop steek er een stokje voor. Omaatje en Opaatje.*

De ouders van Rasjna en Pasjna ontvingen het telegram en schrokken. 'Daar wisten wij niets van,' riepen ze. 'Kom eens gauw hier, Rasjna en Pasjna. Luister eens, hebben jullie op je hoofd gestaan boven op de olifant?'

'Ik wél,' zei Pasjna, 'maar zij niet.'

'Ik heb kopje geduikeld,' zei Rasjna.

'Kopje geduikeld... op je hoofd gestaan...' riep de moeder van Rasjna en Pasjna. 'Wat vreselijk gevaarlijk. En we zouden er niets van geweten hebben als Omaatje en Opaatje het niet in de spiegel hadden gezien. Ze hebben ons een telegram gestuurd. Nu weten we dus dat jullie gevaarlijke kunsten maken. Je mag de hele dag niet op de olifant.'

Rasjna en Pasjna gingen treurig naar buiten en zeiden: 'Iedereen weet altijd alles van ons.'

Woensdag was het dus strijkdag maar donderdag zaten Omaatje en Opaatje op hun roze stoelen en ze zagen hun kleinkinderen in het Arabische land. Kessib was het jongetje en Kassib was het meisje. Ze speelden juist een heerlijk spelletje bij de pijpleiding. Dwars door de woestijn liep de grote oliepijp, een dikke buis in het zand, waar de olie doorheen vloeit.

'Kijk eens,' zei Omaatje. 'Wat doen ze daar?'

'Ze zijn heel stout,' zei Opaatje. 'Ze boren een gaatje in de pijp.'

'Dat mogen ze toch niet doen,' zei Omaatje angstig.

'Natuurlijk niet,' zei Opaatje. 'Straks komt er een straaltje olie uit de pijp.'

'Stuur dan gauw een telegram,' zei Omaatje.

En zo kwam het dat de ouders in het Arabische land een telegram ontvingen: *Kinderen boren gat in pijpleiding stop steek er een stok voor. Omaatje en Opaatje.*

De ouders werden heel boos toen ze het telegram lazen en ze holden naar hun kinde-

ren bij de pijpleiding. 'Willen jullie wel eens direct ophouden!' riepen ze.

Kessib en Kassib schrokken en lieten de boor gauw vallen. Ze moesten voor straf vroeg naar bed. En toen ze in bed lagen zeiden ze tegen elkaar: 'Opaatje en Omaatje hebben ons natuurlijk weer verklapt. Dat nare Spiegeltje Rondreis!'

Het was vrijdag en daarom zagen Omaatje en Opaatje die dag de poolkinderen. Ze zaten op hun slee met hun dikke eskimokleren en met hun grote eskimomutsen van bont. De zes dikke poolhonden trokken de slee, die pijlsnel over de sneeuwvlakte joeg. Helemaal achteraan kwam het hele kleine poolhondje (onthoud vooral even het kleine poolhondje).

'Kijk eens,' riep Omaatje. 'Hoe vlug dat gaat! Wat lopen die honden hard. En hoor, de kinderen knallen met de zweep, tjonge, dat gaat ervan langs!'

'Het zijn flinke kinderen,' zei Opaatje. 'Maar wat gaan ze nu doen? Ze gaan de kant van de ijsberenberg op.'

'Ja warempel,' zei Omaatje. 'Daar achter die sneeuwberg is het hol van de ijsbeer. Dat moesten ze toch weten?'

'Straks komt de ijsbeer uit z'n hol,' riep Opaatje. 'O kijk eens, daar heb je 'm al. Hij komt al tevoorschijn.'

'O,' jammerde Omaatje, 'ik durf niet meer te kijken.' En ze sloeg haar handen voor haar ogen.

Opaatje sloeg zijn handen niet voor zijn ogen. Hij bleef kijken en hij zag de slee vlak langs het ijsberenhol rijden. De ijsbeer ging op z'n achterpoten staan en bromde verschrikkelijk. Hij sloeg zijn klauwen uit en deed een paar stappen in de richting van de slee. Maar Nanuk en Panuk klapten nog harder met de zweep en de honden liepen nog sneller en fts... voorbij was de slee, de ijsbeer hapte in de lucht.

'Je kunt wel weer kijken,' zei Opaatje. 'Er is niets gebeurd. De slee is voorbij. Daar rijden ze. Er is echt niks gebeurd.'

'O,' jammerde Omaatje, 'maar wat gevaarlijk. Ze wisten toch dat daar de ijsbeer woont? Waarom gaan ze daar dan zo dicht langs? En zouden hun ouders dat weten?'

'Telegram?' vroeg Opa.

'Telegram!' zei Oma.

En ze stuurden een telegram naar de ouders op de Noordpool. Daar stond in: *Kinderen gingen vlak langs ijsbeer stop heel gevaarlijk stop steek er een stokje voor. Omaatje en Opaatje.*

Toen de poolouders dat telegram ontvingen waren ze erg boos. 'Nanuk en Panuk!' riepen ze. 'Kom eens gauw hier. Is het waar dat jullie met je slee langs het ijsberenhol zijn gereden?'

'Hoe weet u dat?' vroegen Nanuk en Panuk.

'Van Omaatje en Opaatje,' zeiden de poolouders. 'Die hebben ons een telegram gestuurd. Ze hadden het gezien in hun Spiegeltje Rondreis.'

'O lieve help,' zeiden Nanuk en Panuk. 'Die zien ook alles. Wat vervelend nou.'

'Jullie krijgen vanavond geen levertraan,' zeiden de poolouders, 'dat is je straf.'

De poolkinderen huilden een beetje. Maar ja, er was niets aan te doen.

Zo ging het met dat Spiegeltje Rondreis van Omaatje en Opaatje. Heel vaak zagen ze stou-

te dingen. En heel vaak stuurden ze telegrammen. En heel vaak kregen al die kleinkinderen in al die vier landen straf.

Het werd zomer en het werd vakantie en in die vakantie kwamen al de kleinkinderen bij elkaar op een eiland in de Grote Oceaan. Daar kwamen de Japanse kinderen, daar kwamen de India-kinderen, daar kwamen de Arabische kinderen en daar kwamen de poolkinderen. Ze logeerden bij tante Nina in een huis tussen de palmen en ze sliepen daar met z'n achten samen in een grote kamer met acht bedjes. En of dat een heerlijke vakantie was, zo met hun allen!

De poolkinderen hadden het daar natuurlijk erg heet en de anderen riepen: 'Doe dan toch ook je eskimokleertjes uit. En zet die eskimomutsen af.'

'Nee,' zeiden Nanuk en Panuk. 'We voelen ons zo kaal zonder bont. We houden alles aan.'

'Ook in bed?' vroegen de anderen.

'Ook in bed,' zeiden de poolkinderen.

'Dan moet je 't zelf maar weten,' zeiden de andere kinderen. 'Straks stikken jullie nog.'

'Dat gaat jullie niks aan,' zeiden de poolkinderen.

Er zou bijna ruzie gekomen zijn, als niet de Japanse kinderen ineens begonnen waren over Spiegeltje Rondreis.

'Zouden Omaatje en Opaatje op 't ogenblik ook kijken?' vroeg Saki.

'Nee nee,' riepen Kessib en Kassib, 'vandaag niet, want het is woensdag, dan kijken ze niet, dan is het strijkdag.'

'Wel,' zeiden de India-kinderen, 'nu we hier toch met z'n allen samen zijn moeten we eens ernstig praten over dat Spiegeltje Rondreis. Vinden jullie het ook zo vervelend, dat dat Spiegeltje alles verklapt wat wij doen? En dat onze ouders maar telegrammen krijgen? En dat wij dan straf krijgen?'

'Heel heel erg ontzettend, verschrikkelijk vervelend,' gilden al de andere kinderen.

'We moeten er iets op vinden,' zeiden de Japanse kinderen.

'Wij weten iets,' zeiden de poolkinderen geheimzinnig.

'O ja? Wat dan?'

'Kom dan eens heel dicht bij ons, dan zullen we het jullie influisteren,' zeiden de poolkinderen.

En toen kropen al de acht kleinkinderen samen in een bedje. Het was erg nauw en erg warm, vooral met het poolbont dat in hun neuzen kriebelde, maar het was een erg geschikte manier om te fluisteren. En ze fluisterden een hele tijd. Het ging van smisp, het ging van smoesp, het ging van supdupdup en sepdepdep. En toen ze klaar waren met fluisteren, toen lachten ze, gaven elkaar een zoentje en gingen slapen, ieder in z'n eigen bedje.

Een paar weken daarna, toen alle kleinkinderen weer terug waren in hun eigen land, werd er op een ochtend gebeld bij Omaatje en Opaatje en er werd een grote kist bezorgd. Een kist met gaten.

'Ik denk dat er een beest in zit,' zei Omaatje.

'Ik denk het ook,' zei Opaatje. 'Kijk, de kist komt van de Noordpool. Er zal toch niet een ijsbeer in zitten? Of een walrus?'

'Laten we hem gauw openmaken,' zei Omaatje. 'Ik ben erg nieuwsgierig.'

Opaatje nam de nijptang en maakte de kist open. En wat kwam eruit?

Het hele kleine poolhondje (je was toch het hele kleine poolhondje nog niet vergeten...?), ja, dat kleine poolhondje Noek, dat altijd achter de slee van de poolkinderen liep.

'Wel, wel, dat is een cadeau van onze kleinkinderen in het Noordpoolgebied,' zei Opaatje. 'Maar wat moeten wij met een hond?'

'O jee,' zei Omaatje, 'wij zijn veel te oud voor een hond. Een hond is zo wild. Als hij maar niet op de roze stoelen gaat liggen. En ook niet op de blauwe. En ook niet op de groene! Hij mag op de grond liggen, op een matje.'

De kleine Noek lag dus op een matje en viel in slaap, want hij had een lange reis achter de rug. Hij sliep en hij sliep en hij jankte een beetje in zijn slaap, want hij droomde van zijn baasje en vrouwtje: de poolkinderen. Hij had een beetje heimwee in zijn slaap.

De volgende dag was het vrijdag en dus pooldag. Het hondje Noek sliep nog steeds, vlak naast de roze stoelen waar Omaatje en Opaatje op zaten om te kijken in hun spiegel.

Daar kwamen de poolkinderen aan op hun sleetje met de zes honden ervoor. Ze klapten met hun zweep. Het kleine hondje Noek werd wakker en spitste zijn kleine pooloortjes.

'Wat gaat het weer hard,' zei Omaatje. 'Nu zie je ze goed... ze komen vlak langs!'

De slee kwam naderbij, dichter en dichter... de gezichten van Nanuk en Panuk kwamen nader en nader en ineens riep Nanuk heel hard: 'Kom dan Noek! Noek! Kom maar Noek!'

Noek keek in de spiegel en zag met een oogopslag zijn baasje. Hij vloog erop af. Hij wist niet dat het maar een spiegel was, hij dacht dat ze echt daar kwamen aanrijden. Hij nam een grote sprong en... beng... dwars door de spiegel.

'O lieve deugd,' zei Omaatje.

'O goeie help,' zei Opaatje. 'De spiegel in duizend stukken!'

En jawel, van de spiegel was alleen de mooie ronde gouden lijst nog heel. Noek, het poolhondje keek erg bedroefd. Hij voelde zich bedrogen. Het waren geen ijsschotsen waar hij nu in stond, het waren glasschotsen.

Omaatje en Opaatje waren ook erg bedroefd. Hun mooie Spiegeltje Rondreis... stuk... helemaal stuk... Ze konden wel huilen en ze zouden daar ook vast aan begonnen zijn, als er niet weer gebeld werd. Ze deden open en er stond een postbode op de stoep die een grote aangetekende brief in zijn hand had.

Omaatje maakte de envelop open en... je kunt nooit raden wat erin zat. Er zaten vliegtickets in. Tickets voor een heel lange reis. Omaatje en Opaatje mochten nu op reis naar al hun kleinkinderen. Eerst een paar weekjes naar de Noordpool. Dan een maandje naar Japan. Dan een poosje naar India en tenslotte een tijdje bij de Arabieren.

'Dit is veel fijner dan een Spiegeltje Rondreis,' riepen ze. 'Dit is de rondreis zelf.'

En Omaatje en Opaatje pakten elkaar vast en dansten een grote stoelendans door het hele huis.

Een paar dagen later stapten Omaatje en Opaatje in het grote vliegtuig voor die hele verre reis. Ze hadden het poolhondje Noek bij zich aan een rood riempje, om hem terug te geven aan de poolkinderen.

'Nu kan ik jullie eindelijk knuffelen,' riep Omaatje, toen ze de poolkinderen in haar armen sloot.

Nanuk en Panuk kregen een erg rode kleur en ze stamelden: 'Lieve Omaatje, we hebben zo'n spijt... we zijn erg gemeen geweest... we hebben expres het hondje Noek naar u toe gestuurd om hem in de spiegel te laten springen. Maar we deden het omdat we het zo akelig vonden dat Spiegeltje Rondreis altijd alles verklapte wat wij deden.'

'Hoe is het mogelijk...' zeiden Omaatje en Opaatje verbluft. Maar toen riepen ze uit: 'We zien jullie nu echt en dat is veel beter dan alle spiegels van de wereld.'

Het werd een heerlijke reis. Ze bleven wel een jaar weg, want als je zoveel kleinkinderen hebt doe je lang over zo'n logeerpartij.

En toen ze eindelijk terugkwamen in hun eigen huis, toen vonden ze in de kamer waar vroeger de spiegel had gehangen, een groot televisietoestel.

Er hing een briefje aan: Van alle kleinkinderen.

'Wat lief van ze...' zei Omaatje.

'Heel lief,' zei Opaatje.

Ze keken nu voortaan naar de televisie. En ze zagen verre vreemde landen, maar ze hoefden nooit meer ongerust of verontwaardigd te zijn, want hun kleinkinderen met al die stoute spelletjes, die zagen ze niet meer.

Waarom Chinezen geen staarten meer dragen

MET EEN TEKENING VAN GERDA DENDOOVEN

Vroeger, heel vroeger, had de keizer van China een staart, wist je dat? Geen echte staart, hoor, maar een vlecht achter aan z'n hoofd en alle andere Chinezen hadden ook zulke staarten.

De keizer zat op z'n troon van porselein en was verschrikkelijk trots op z'n vlecht. Iedere morgen kwamen zijn hofdienaren om de troon heen staan en dan bogen ze heel diep, zodat hun staarten zwiepten en dan zeiden ze: Kwing ping pu! Dat betekende: Niemand heeft zo'n mooie staart als gij, o keizer! Dan was de keizer weer voor de hele dag tevreden.

Maar als hij opstond 's morgens vroeg, o, heden, dan moest die staart netjes gevlochten worden door de opperhofkapper en dat was een heel gedoe. Dat duurde wel twee uur en voor de kapper was het helemaal geen pretje, want de keizer wilde onderwijl zijn havermout eten en naar de goudvissen kijken en was erg lastig en mopperig.

En eens op een morgen gebeurde er iets verschrikkelijks. De hofkapper was bezig aan de staart van de keizer en het duurde zo lang en de keizer at van zijn warme havermout en zei telkens: Wat trek je weer! Wat doe je me weer een pijn! Au, kun je 't niet wat zachter? Vervelende opperhofkapper, pas op want ik ontsla je, als 't zo doorgaat.

De opperhofkapper werd van al die aanmerkingen zo zenuwachtig dat hij per ongeluk echt hard aan die staart trok. En toen werd de keizer zó woedend, dat hij opstond

en het hele bord havermout in het gezicht van de kapper smeet.

Nu was de opperhofkapper altijd een heel geduldig man geweest, een echte goeiige beschaafde man, maar toen dit gebeurde, werd hij voor 't eerst in zijn leven driftig. Hij nam een grote schaar en, voor hij wist wat hij deed, had hij de staart van de keizer pardoes afgeknipt.

Daar stond hij met in zijn ene hand de schaar en in zijn andere hand de staart. De keizer was zo verbluft, dat hij geen woord kon uitbrengen. En wat deed de kapper? Hij zag het raam openstaan, sprong eruit, in een bloeiende amandelboom en liet zich langs de stam naar beneden glijden. Toen maakte hij dat hij wegkwam en liep, zo hard hij maar lopen kon, de paleistuin uit en de stad uit.

Onderwijl zat die arme keizer nog versuft naar zijn staart te kijken, die daar op de grond lag. Hij keek in de spiegel en bulderde: Die ellendeling van een opperhofkapper. Ik zal hem laten ophangen aan de hoogste boom, ik zal hem laten onthoofden.

Maar daar werd aan de deur geklopt en daar stonden ineens de hofdienaren om voor de keizer te buigen.

Wat moest de keizer doen? Hij wilde niet zeggen, dat hij de kapper met havermout had gegooid, hij schaamde zich een beetje. En toen de hofdienaren voor hem gingen staan en weer zeiden Kwing ping pu, toen zei de keizer nors: Ik heb geen staart meer. Ik wil geen staart meer hebben. Staarten zijn van nu af aan uit de mode. Knippen jullie je staart ook onmiddellijk af. Nu, de hofdienaren waren heel verbaasd. Maar wat konden ze doen? Ze knipten hun staarten af en vertelden aan iedereen dat staarten uit de mode waren.

En van die tijd af heeft geen enkele Chinees meer een staart. En de arme opperhofkapper is in een andere stad gaan wonen en daar melkboer geworden. Want er was voor hem toch geen werk meer, toen er geen staarten meer te vlechten waren.

Tante Patent

MET TEKENINGEN VAN FIEP WESTENDORP

Hé... dacht tante Patent, toen ze vroeg in de ochtend wakker werd. Ik heb gedroomd. Ik heb heel vreemd gedroomd. Ik droomde dat ik een Batavier te logeren had. Wat een malle droom.

Even bleef ze stil liggen soezen: toen hoorde ze een hevig gesnurk uit de logeerkamer.

'Het was geen droom,' zei tante Patent. 'Het is waargebeurd: ik heb een Batavier in huis.' Wat een pijnlijke toestand, dacht ze, terwijl ze zich aankleedde. Wat zullen de mensen hiervan zeggen als ze het merken? Ze zullen zeggen: Heb je 't gehoord van tante Patent? Altijd een keurige vrouw geweest en nu heeft ze een barbaar onder haar dak. Zij repte zich naar de logeerkamer, maar tot haar verwondering vond ze het bed leeg. 'Vertrokken... naar het Walhalla...' prevelde tante.

Maar de Batavier bleek niet vertrokken te zijn naar het Walhalla. Hij lag breeduit op de piano en keek nors.

'Wel wel, en hebt u lekker geslapen?' informeerde tante Patent opgewekt. 'Was het bed niet helemaal naar uw zin? Prefereerde u de piano?'

'Waar is mijn offervat?' gromde de wildeman.

O help, daar begint hij weer over z'n vervelende offervat, dacht tante Patent. 'Kom kom,' zei ze sussend, 'dat offervat komt wel. U zult vermoedelijk trek hebben in een kopje thee. En blieft u een eitje? Hier heb ik iets voor u om aan te trekken, een duster. Het is weliswaar een nylon damesduster, maar u kunt niet in beestenvacht aan tafel verschijnen, wel?'

En zo sprekend deed ze zorgzaam de knoopjes voor hem dicht.

Tante Patent verdween in haar keukentje en was druk bezig met theezetten en eieren koken, toen ze ontzettend lawaai hoorde in de richting van de eetkamer. Gerinkel van aardewerk, heftige dreunen en een driftig

hijgen. Met de eierwekker in haar hand vloog ze op het tumult af. Een merkwaardig tafereel bood zich aan haar oog: de Batavier was bezig haar poes Dommeltje op te jagen. Hij achtervolgde het stomme dier met zijn knots en onder een vervaarlijk gebrul joeg hij het beest kamer in, kamer uit.

'Help, niet doen...' jammerde tante Patent. 'Meneer de Sof, astublieft, wat gaat u nou toch beginnen! Mijn arme lieve Dommeltje.'

De poes vluchtte blazend en miauwend van het ene vertrek in het andere, terwijl de woeste Batavier met zijn knots achter het dier aan stoof.

'Vlees... lekker vlees...' brulde hij. 'Vlees, buit... njef njef!'

'Dat is geen vlees, dat is mijn lieve Dommeltje...' jammerde tante Patent. 'U bent een moordenaar, een kannibaal. Zijn dat de manieren van de Batavieren? Is dit de dank van

een logé? Heb ik u daarvoor onderdak verleend? Ga terug naar uw Thor en uw Wodan. Ga naar 't Walhalla en laat mijn Dommeltje met rust.'

Zo huilde en smeekte tante Patent, maar de grote Sof luisterde totaal niet. Met bloeddorstige ogen bleef hij de kat achtervolgen, die in doodsangst zijn toevlucht zocht in de klimplant.

'Ik roep de brandweer! Ik bel de politie! Ik roep de bb!' schreeuwde tante Patent, die nog steeds met de eierwekker in haar hand stond. 'Valsaard! Wilt u mijn zoete poes opeten?'

De grote Sof lette niet op haar woorden. Hij liet zijn tanden zien en sprong op het schakelmeubel om van daaruit de kat uit de klimplant te plukken. Gelukkig was Dommeltje een behendige en vlugge poes die steeds op het laatste moment aan zijn greep wist te ontkomen.

'Vlees... lekker vlees...' hijgde de Batavier.

'Ik verbied het u!' gilde tante Patent. 'U bent geen heer! O, wat is het verschrikkelijk om een Batavier in huis te hebben. Wat ben ik begonnen.'

Toen de barbaar zag dat hij op deze manier de kat niet kon bereiken, greep hij de antieke luchter, hees zich daaraan op en begon door de kamer te zwaaien.

De grote Sof hing in de kaarsenkroon en keek grimmig neer op tante Patent. 'Ik heb thee en een eitje voor u...' weeklaagde ze. 'U hoeft mijn poes niet te nuttigen, zo zijn onze zeden niet. Wij leven in een beschaafde maatschappij en ik ben iemand met humanistische levensopvattingen...'

Het had allemaal geen effect. De Batavier luisterde niet. Hij zwaaide woest heen en weer in de luchter en greep wild naar de kat, die uit de klimplant vluchtte en radeloos door de kamer stoof.

Toen liep de eierwekker af. De grote Sof schrok daar ontzettend van. Hij liet zich met een plof op het hogepool tapijt vallen en zat daar enigszins wazig terneer. Dommeltje rende door de openslaande deuren de tuin in en tante Patent zat snikkend in haar rotanstoel.

'Waarom doet u niet gewoon?' vroeg ze. 'Het leven kan zo gemakkelijk zijn wanneer men gewoon doet.'

Op dat moment werd er gebeld.

Tante Patent haastte zich met verwarde haren naar de voordeur.

'Pardon,' zei de dokter, die op de stoep stond. 'Ik kwam even horen hoe het met u ging... ik bedoel... u had vannacht een nachtmerrie enne...'

Tante Patent zou 't liefst haar hoofd op zijn schouder hebben gelegd om eens heerlijk te schreien en uit te roepen: Help mij tegen de barbaar. Maar ze schaamde zich. Hij mag niet weten dat ik een vieze wildeman in huis heb, dacht ze. 'Ja dokter, het was een nachtmerrie, maar ik ben blij dat u even langskomt want ik zou zo dolgraag de vaas terug die ik u gisteren gegeven heb. Is dat mogelijk?'

'Tja...' zei de dokter verlegen. 'Mijn vrouw heeft die vaas in gebruik genomen. Zij had een inmaakpot nodig voor snij- en witte bonen.'

'O,' zei tante Patent verbluft.

'Ze zitten er al in,' zei de dokter. 'Maar zodra de pot leeg is... over een jaar...'

'O juist, ja,' zei tante Patent. 'Over een jaar dus...'

'En nu moet ik naar mijn spreekuur,' zei de dokter. 'Tot ziens.'

En hij reed weg in zijn wagentje terwijl tante Patent verslagen achterbleef.

'Het spijt me erg,' zei tante Patent bits tot de Batavier. 'Dokter Vierus kwam even langs en ik heb hem naar uw offervat gevraagd, maar mevrouw Vierus heeft het als inmaakpot in gebruik. Snijbonen en witte bonen. Over een jaar kunt u het krijgen, maar nu niet. Het lijkt me dus het beste dat u zonder offervat naar het Walhalla weerkeert. Doe de groeten aan Thor en zeg hem dat hij kan opwippen.'

Toen tante Patent dit briesend van kwaadheid had gezegd, flitste er een bliksemstraal langs het raam en een knetterende donderslag volgde, hoewel het buiten stralend weer was.

De Batavier knikte plechtig en voldaan met zijn ruige hoofd. 'De grote Thor heeft gesproken,' zei hij. 'De grote Thor zal u straffen.'

'Ik ben niet bang voor uw Thor,' zei tante

Patent. Zij greep de grote Sof bij een knoop en keek hem onbevreesd aan. 'Ik ben helemaal niet bang,' zei ze. 'Niet voor die Thor en niet voor u. Onweren jullie maar zo hard als je wilt. En u, meneer de Sof, daar is de deur. U hebt bijna mijn poes opgegeten, u hebt mijn antiek blauw gebroken; ik wil u niet langer in huis hebben. Mijn duster mag u aanhouden, maar u gaat.'

Ze had verwacht dat de Batavier opnieuw zou dreigen en donderen, maar hij reageerde ditmaal anders. Hij viel op zijn knieën, sloeg zijn handen voor zijn gezicht en schreide bitter. Grote druppels vielen op het parket.

'Zonder offervat...' kermde hij, '...zonder offervat kan ik niet weerkeren in het Walhalla. Heb meelij, vrouw.'

Tante Patent was niet gewend om 'vrouw' genoemd te worden, maar ze kreeg meelij met de arme barbaar en werd zachter gestemd.

'Kom,' zei tante Patent, 'laten we eerst ontbijten. Als men eenmaal ontbeten heeft zien alle problemen er makkelijker uit, vindt u niet? De eitjes zijn ongetwijfeld veel te hard, ziet u, dat komt ervan. Goed, na het ontbijt zullen we beslissen wat er gedaan moet worden. Wanneer u belooft dat u zich behoorlijk zult gedragen en mijn arme Dommeltje met rust zult laten, dan beloof ik u dat de vaas op een of andere manier terugkomt. En u moet netjes eten. Niet een heel ons boterhamworst meteen in uw mond stoppen. Niet uw vuist in de marmelade steken. En nu ga ik boodschappen doen. In de tussentijd kunt u zich verdienstelijk maken in het huishouden. Misschien wilt u stofzuigen? Een stofzuigende Batavier is natuurlijk nooit eerder voorgekomen: welnu, ik zal u uitleggen hoe een stofzuiger werkt.'

Tante Patent zette haar hoed op en maakte zich gereed om uit te gaan.

'Kijk,' zei tante Patent. 'Misschien wilt u zo vriendelijk zijn om de kamer te stofzuigen, terwijl ik naar de slager ben? Ik zal u uitleggen hoe dit ding werkt.'

Toen ze de stekker in het stopcontact stak, sprong de Batavier een meter in de lucht van schrik, want hij had nog nimmer een stofzuiger in werking gezien en het gezoem en gebrom bracht hem even buiten bezinning van angst. Maar dat wende heel vlug en toen tante Patent de deur achter zich dichttrok en met haar boodschappenmandje de straat opging, liep de grote Sof zielstevreden achter de stofzuiger. Hij neuriede een krijgszang en zoog het tapijt. Na een poosje begon het hem te vervelen. Hij probeerde of hij de chocoladehagelslag uit het kommetje op de tafel ook kon opzuigen. Het lukte bijzonder goed. De Sof lachte tevreden.

Het schaap Veronia · Olifant

MET EEN TEKENING VAN FIEP WESTENDORP

Komaan, zo sprak de dominee, nu gaan wij naar de apen.
Of wilt ge naar de witte wolven, lieve dames Groen?
Er zijn zovele schepselkens voor ons vermaak geschapen...
Wij willen naar de olifant, zeiden de dames toen.

Ziedaar, dit is de olifant. Wil hij wellicht een nootje?
Kijk, zei het schaap Veronica, wat is hij lief en goed...
Dag lieve brave olifant... hè geef ons 's een pootje.
O, riep de ene dame Groen, o wee, hij pakt mijn hoed!

Geeft hier, zei 't schaap Veronica, die mooie hoed met veren.
Kom kom, wat zijn dat voor manieren. Zeg wat moet dat nu?
Wacht even, riep de dominee, ik zal hem mores leren!
Hij klauterde het hek op met zijn zwarte paraplu.

De olifant keek even naar de dominee, aandachtig
en slokte toen de hele hoed naar binnen. Wel wel wel.
De hoed... schreeuwden de dames Groen, van zestien gulden tachtig!
Het was een echt Parijse hoed! Een exclusief model!

Kijk die gemene olifant daar nou parmantig lopen!
Ach dames, zei de dominee, ik weet, het is een strop,
maar heus, u krijgt een nieuwe hoed. Ik zal hem voor u kopen.
U krijgt er eentje met een hele struisvogel erop.

Dan zoeken we 'm zelf wel uit, zeiden de dames bits,
maar kom, nu eerst een kopje koffie, met een stukje sprits.

Eenentwintig poezen

MET EEN TEKENING VAN WIM BIJMOER

Eenentwintig poezen
zaten bij het vuur
te dutten en te doezen,
's nachts om twaalf uur.
En achter het fornuis
zat, helemaal per abuis,
één kleine muis.
Hij zat van angst te beven
en maakte geen geluid,
en dacht: Dit kost mijn leven.
O, moeder, hoe kom ik eruit!
Hij hield het niet uit, de stakker,
hij gaf een harde piep,
de poezen werden wakker,
en zagen, dat er iets liep.
Ze renden achter elkander,
ze renden achter de muis,
ze liepen van klis-klas-klander
helemaal rondom het huis.
Het muisje liep te hijgen,
totdat hij niet meer kon.
Tóch zouden ze hem niet krijgen:

hij kroop in de regenton.
Daar bleef hij zitten soezen,
de hele lange nacht,
de eenentwintig poezen
zaten venijnig op wacht.
Maar 's morgens om half zeven,
toen kwam de boerenvrouw
de poezen eten geven.
Ze schreeuwden: Miauw, miauw!
Ze liepen met roze neuzen
achter de vrouw in het huis,
daar kregen ze brood met reuzel
en ze vergaten de muis.

Het muisje stak zijn tenen
voorzichtig buiten de ton,
de poezen waren verdwenen,
en buiten scheen de zon.
Hij ging naar zijn muizenfamielje,
ze waren zó bang geweest!
Hij kreeg er rijst met vanielje
en allemaal vierden ze feest.

Tante Tuimelaar verdwaalde

MET EEN TEKENING VAN MARIJE TOLMAN

Tante Tuimelaar was een dikke duif. Ze woonde in de duiventil bij meneer Onderman op het platje.

De hele duivenfamilie keek erg tegen haar op, want zij kon dingen die de anderen niet konden. Ze kon helemaal uit zichzelf de weg naar huis terugvinden, al was ze nog zo'n eind weg.

De jonge duifjes in de til, kinderen van nicht Klazina Dof, zeiden tegen haar: 'Tante Tuimelaar, vertelt u eens, hoe gaat het eigenlijk, zo'n reis van u.'

'Wel kinderen,' zei tante, 'kijk, dat gaat zo. Ik word in een mandje gedaan, hè, en dan kom ik in de trein en dan rijden we heel ver weg, ergens naar Afrika of naar Groningen of nog verder.'

'Nee toch,' zeiden de kleine duifjes.

'Ja, luister nu, en dan kom ik daar bij mensen aan, die doen een ring om mijn poot met een kokertje en daarin zit een briefje, een Belangrijk Briefje, en dat moet ik dan terugbrengen bij meneer Onderman hier. Nou en dat doe ik dan.'

'Maar tante, hoe weet u dan zomaar de weg terug?'

'Tja,' zei tante, 'dat weet ik niet precies, ik vlieg maar, het gaat vanzelf.'

'Och, och,' zeiden de kleine duifjes, 'als we dat ook eens konden leren.'

Tante Tuimelaar ging trots op de til zitten en riep: 'Roekoe, Roekoe!'

'Dat is mijn beste duif,' zei meneer Onderman tegen zijn neefje beneden in de tuin.

'Zie je haar zitten? Ze vindt altijd de weg terug.'

'Hoe doet ze dat dan,' vroeg het neefje.

'Wel,' zei meneer Onderman, 'dat beestje heeft instinct.'

'Wat hebben we nou,' zei tante Tuimelaar verontwaardigd boven op haar til. 'Wat zegt hij daar? Zegt hij, dat ik stink? Nu nog mooier,' en ze bleef even luisteren wat er nog meer over haar gezegd werd.

'Hele knappe mensen proberen steeds maar weer uit te vinden hoe het komt dat een duif de weg terugvindt,' zei meneer Onderman, 'maar ze hebben het nog steeds niet gevonden. Ze denken nu dat een duif onder zijn ogen iets heeft wat hem het vermogen geeft de weg te vinden.'

'Tjonge,' zei tante Tuimelaar, 'zou ik iets onder mijn ogen hebben? Nooit iets van gemerkt. Maar ze moeten niet zeggen dat ik stink, want dat is niet waar.'

De volgende dag ging tante Tuimelaar weer op reis. Ze nam afscheid van alle kleine duifjes. Ze werd in een mooi mandje gedaan en reisde heel ver weg, niet naar Afrika maar wel naar Groningen.

'Daar hebben we tante Tuimelaar,' zeiden de mensen in Groningen, en toen tante had gegeten en gedronken kreeg ze een ring en een kokertje met een briefje aan haar poot en vanaf het Groningse duivenplat werd ze losgelaten.

Ze vloog meteen in de goede richting, maar onderweg moest ze aldoor denken aan

wat meneer Onderman had gezegd. Ik heb iets onder mijn ogen, dacht ze, en daarom weet ik waarheen ik moet vliegen. Is dat zo? Weet ik wel hoe ik vliegen moet? Och lieve help, die arme tante Tuimelaar, opeens wist ze niet meer hoe ze thuis moest komen. Door al dat gepraat van: hoe doe je dat toch, en hoe kan een duif dat zomaar, was tante helemaal de kluts kwijt en wist het zelf niet meer.

'Verdraaid,' zei ze, 'ik ben verdwaald,' en ze vloog naar beneden en ging zenuwachtig op een hek zitten. 'Afschuwelijk,' zei ze, 'wat moet ik nu?'

In de wei kwam een dikke koe op haar af. 'Dáág,' zei de koe, 'hoe maakt u het, Duif?'

'Slecht,' zei tante, 'ik ben in Groningen geweest. Nu moet ik naar Rotterdam. Weet jij de weg?'

'Nee,' zei de koe. 'Ik weet wel de weg naar de stal. Die weet ik dan ook goed.'

'Ik begrijp het niet,' klaagde tante Tuimelaar. 'Ik weet altijd vanzelf waar ik heen moet, dat is nu eenmaal een hebbelijkheid van ons. Ik ben postduif van mijn vak. En nu hebben ze me aan mijn hoofd gezanikt hoe het komt dat ik de weg weet. Zo erg, dat ik nu de weg niet meer weet, als u me volgen kunt, Koe.'

'Jawel,' zei de koe. 'Als ik het goed heb, hebt u zich door mensen in de war laten brengen. Dat is fout. Ik ga mijn gang. Als het tijd is om gras te eten, dan eet ik gras en als

het tijd is om te herkauwen, dan herkauw ik. Maar ik denk er niet over na waarom ik gras eet en herkauw. Weet je wat het beste is? Doe een dutje hier op het hek. Als u wakker wordt gaat u gewoon vliegen. En niet meer denken aan wat de mensen gezegd hebben.'

Tante Tuimelaar was moe van de zenuwen en ging een heerlijk dutje doen boven op het hek. Toen ze wakker werd, zag ze aan de zon dat het al laat was. 'Lieve deugd,' zei ze, 'ik moet naar huis en gauw ook.' Ze dacht er helemaal niet meer aan waar ze vandaan kwam en wat meneer Onderman had gezegd. Ze vloog gewoon, ja en heel hard, want o, als ze voor donker niet thuis was.

Hijgend en puffend kwam tante op het platje aan.

'Hoe hebt u het gehad, tante,' zeiden de kleine duifjes.

'Dank je,' zei tante, ''t gaat. Bijna was ik verdwaald, dat is de schuld van meneer Onderman.'

'Kijk, daar hebben we tante Tuimelaar,' zei meneer Onderman en pakte tante beet om het briefje uit het kokertje te halen. 'Zo, zo, ben je daar? 't Is toch een wonderlijk instinct, hoor.'

'Stinkt!' zei tante verontwaardigd, 'het mocht wat! Roekoe!'

Maar dat verstond meneer Onderman niet.

Uit met juffrouw Knoops

MET TEKENINGEN VAN FIEP WESTENDORP

Lot vond het heerlijk om bij juffrouw Knoops te logeren. Ten eerste kreeg ze tweemaal per dag een ijsje. Ten tweede mocht ze net zo hard schreeuwen met de buurkinderen als ze wou, en zelfs van het balkonnetje naar beneden spugen. En ten derde ging ze vaak naar de bioscoop met juffrouw Knoops. 'Het is wel een liefdesfilm...' zei juffrouw Knoops dan, 'maar je kunt best voor veertien doorgaan, al ben je dan nog maar elf... en trouwens: je zal er niks geen kwaad van leren, kind, daar zal ik wel voor zorgen.'

En nu was het woensdagmiddag en ze zouden weer naar de bioscoop gaan. 'Zo...' zei juffrouw Knoops, 'voor jou een zakje droptoffees en voor mij een zakje bonbons. Geef m'n handschoenen even aan, wil je? Nee, sufferd, dat is de zakdoekendoos. Nee, dat mahonie kistje moet je hebben, daar zitten handschoenen in.'

Terwijl juffrouw Knoops voor de spiegel stond en haar hoed met de blauwe voile opzette, vertelde ze: 'Kijk, we gaan vanmiddag naar het Trianon Theater, en daar zijn twee cinemascopefilms. Staat die hoed zo goed, vind je?'

'Mooi!' zei Lotje, die alvast een droptoffee had gepikt en daar luidruchtig op zoog.

'Nou... en die eerste film gaat over de natuur, ergens ver weg, wildernis, jungle, of hoe het heten mag. En de tweede film gaat over de liefde. Maar erg onschuldig hoor. En allebei cinemascope.'

'Wat is cinemas... mas...'

'Cinemascope. Dat is een film die veel échter is dan een gewone film. Als er een trein aankomt op zo'n film, dan is het net of die trein de zaal in zal rijden, o, heerlijk eng! En als je mensen in een kamer ziet lopen en bewegen, dan is het net of je zó die kamer in kunt gaan en mee kunt praten met ze. Maar je moet het zién! Ik kan het je niet helemaal uitleggen.'

Juffrouw Knoops schoof haar voile wat omhoog om een beetje crème op haar neus te doen, terwijl Lotje aandachtig toekeek.

'Doet u uw bont niet aan?' vroeg ze.

'Natuurlijk doe ik m'n bont aan.'

'Mag ik 'm dan eerst even vasthouden?'

Juffrouw Knoops haalde de bont uit de doos en Lotje pakte het beest voorzichtig aan. Het was een rode vossenbont. Je zou zeggen dat de vos leefde. Hij had een dikke rossige poezige staart en vier pootjes met echte nageltjes en een mooi driehoekig vossengezichtje met bruine oogjes. Lotje vond die vos zo lief, zo lief. En zo écht; het was bijna een echte vos. Maar deze vos rook sterk naar kamfer en echte vossen ruiken niet naar kamfer.

En bovendien had dit vosje een zijden voering en echte vossen hebben nooit een voering.

Lotje zat verrukt met de vos op haar knieën en ze aaide de kop en de rug, totdat juffrouw Knoops ongeduldig zei: 'En geef nou op, anders komen we te laat.'

Ze legde het beest voorzichtig om haar hals... daar lag ie in een kringetje en met de tandjes beet hij in zijn eigen staart, zodat hij er niet af kon vallen.

Lotje huppelde op straat naast juffrouw Knoops, die er erg chic uitzag met haar grijze mantelpak, haar hoed met de voile en de mooie vos.

Ze waren laat. Het was al pikdonker in de bioscoopzaal en er klonk harde marsmuziek.

'Is dit nu al cinemas... mas...' fluisterde Lot.

'Neee...' siste juffrouw Knoops terug, 'dit is heel gewoon reclame.'

Ze vonden twee plaatsen middenin de zaal, vlak naast het gangpad, en daar installeerden ze zich, gezellig in de zachte stoelen, ieder met hun eigen zakje snoep.

'Nu komt het...' fluisterde juffrouw Knoops. 'De film over de natuur.'

'Kijk... daar komt het. *Fauna in het bos.*'

'Wat is fauna?' vroeg Lotje.

'Fauna betekent... eh... dieren. Alle dieren bij elkaar, dat heet fauna,' zei juffrouw Knoops.

Lotje ging helemaal voorover leunen en deed haar mond wijd open, om beter te kunnen zien. Dat deed ze altijd, hoewel juffrouw Knoops haar erom uitlachte. 'En toch kan ik dan beter zien,' zei Lotje.

Een bos! Het was een bos!

Een klein beekje spette en danste en kletterde over een grijze rots. Hier en daar viel het water allemaal tegelijk naar beneden; daar was dan een watervalletje. Het beekje verdween tussen de bomen... donkergroene naaldbomen met hier en daar een plekje loofhout en struiken waarover zachtjes de wind streek en waartussen nu en dan de zon lichtgroene ronde plekken maakte. Een bos... Maar zó echt! Het was of je er zó in kon gaan, of je maar een paar stappen hoefde te doen en je was werkelijk zelf in dat bos.

'Zie je wel... ?' fluisterde juffrouw Knoops. 'Dat is nou cinemascope.'

Lotje zag het. Het was mooier dan een gewone film. Ze zou het liefst willen dat juffrouw Knoops maar helemaal niets meer zei; ze wilde zo graag geloven dat ze écht in het bos was, tussen hoge ruisende bomen, tussen rotsige stenen en varens en... o kijk, een beestje... een martertje, dat langs de struiken sloop en heel voorzichtig om zich heen gluurde, schichtig met z'n glanzende oogjes...

En nu verschoof het beeld en je zag in het kreupelhout een nest. Een vogelnest, met een moedervogel die doodstil zat. Te broeden? Had ze eitjes? Of waren het al kindertjes... waren het kleine vogeltjes. Ja, Lotje zag het duidelijk, er kwam een klein kopje gluren onder die moedervogel uit... ach, wat schattig... als die marter ze maar niet vond. Daar liep weer een beest... was het die marter weer?

Nee, een... een... het was een vos. Een rode vos. Hij keek niet op of om... hij schoof heel snel tussen de lage boompjes door. Hij was op weg naar zijn nest, misschien. Jawel hoor, het hol. Het vossenhol. En juist aan de ingang van het hol zat nog een vos, met drie kleintjes. Het vossenhol verdween weer.

Lotje genoot intens en ze hoopte maar dat juffrouw Knoops nou niet zou gaan praten.

Er viel iets op haar hand. Iets nats. Een druppel. Ze veegde hem af en dacht toen pas: hé, huil ik? Nee, ik huil niet. Ik vind het allemaal veel te fijn. Huilt juffrouw Knoops dan? Ze keek even opzij en zag juffrouw Knoops met een kalm gezicht, een gezicht dat wel kauwde, maar niet huilde.

Toen keek Lotje ineens in de ogen van de vos. De vos van juffrouw Knoops. Uit allebei de ogen van de vos viel een traan. Het vosje huilde. Het vossenbontje huilde.

Maar dat kan toch niet... dacht Lotje verward. Bonten kunnen toch niet huilen?

Maar voordat ze verder kon denken gebeurde er iets.

Het vossenbekje had de staart losgelaten. De vos viel geluidloos van juffrouw Knoops' hals. Lotje bukte zich onmiddellijk om hem op te rapen, nog voor juffrouw Knoops zelf haar hand uitstak.

Maar allebei waren ze te laat. Het vosje liep weg... langs het gangpad van de bioscoop, in het duister liep het weg.

'M'n vos...' zei juffrouw Knoops verschrikt en ze stond half op. Lotje was al langs haar heen geschoven en holde het vosje achterna. Achter zich hoorde ze juffrouw Knoops dringend fluisteren: 'Pak 'm dan. Hou 'm dan!'

Lotje boog zich voorover om de staart van de vos te grijpen, maar het dier klom een trapje op, voor in de zaal en Lotje greep mis. Ze rende ook het trapje op. Achter haar hoor-

de ze een mannenstem roepen: 'Hé daar!' Maar Lotje trok er zich niets van aan en ging verder, steeds de rossige pluimstaart in het oog houdend.

Juffrouw Knoops was nu vlak naast haar en hijgde.

'Lotje...' riep ze. 'Lotje!'

'Ja...' hijgde Lotje terug, zonder haar vaart in te houden.

'We zijn... Lotje dan toch! Sta even stil!' Er was angst in de stem van juffrouw Knoops.

Lotje stond stil en draaide zich om. Ze greep even naar haar hoofd om te voelen of ze soms droomde. Ze waren in het bos.

'We zijn erin gelopen...' jammerde juffrouw Knoops. 'Regelrecht de cinemascope in gelopen, Lot!'

Het was zo. Om hen heen was bos. Ze liepen over naalden en zachte mossige grond; ze hoorden de bomen ruisen, de zon speelde vrolijk tussen de takken door, en waar was de bioscoopzaal gebleven?

'We moeten teruggaan,' zei juffrouw Knoops. 'Anders verdwalen we hier. Kom mee. Terug naar de zaal.'

Juffrouw Knoops ging voorop en Lotje volgde haar weifelend. De vos was allang verdwenen tussen struiken en kreupelhout.

'Hier was het,' zei juffrouw Knoops. 'Hier zijn we langs gekomen. Of niet? Of moeten we zo?'

Ze draaide om allerlei dikke bomen heen, keerde weer terug en keek Lotje radeloos aan. 'We zijn al verdwaald,' zei ze.

Lotje en juffrouw Knoops zaten op een dikke boomstronk. Ze kauwden op hun laatste bonbon en hun laatste droptoffee.

'Het vosje had heimwee,' zei Lotje. 'Ik kan het me goed voorstellen. Hij zag daar ineens het bos en z'n kameraadjes en wou ernaartoe. Gewoon.'

'Noem jij dat maar gewoon,' zei juffrouw Knoops. 'M'n goeie vos, die ik in de uitverkoop van Brink & Jossen heb gekocht. Weggelopen. In de bioscoop. Weggelopen, de film in. Noem jij dat maar gewoon.' 'Tja, dat komt van de cinecope,' zei Lotje. 'Cinemascope,' verbeterde juffrouw Knoops. 'Maar het bos was zo echt, geen wonder dat hij erin wou.' Juffrouw Knoops bekeek mismoedig de veertien ladders in haar nylonkousen. Haar hoed stond scheef op haar ene oor, de voile was vuil en gescheurd en haar mantelpak zat vol vlekken.

Ze hadden nu een uur gedwaald door het woud; ze hadden gezocht en gezocht en gezocht naar de uitgang, of liever gezegd de ingang bij het bioscoopdoek, maar nee hoor. Niets gevonden. Het beekje hadden ze gevonden, met de kleine witte watervalletjes, en daar zaten ze nu.

Lotje hield haar blote voeten onder het sprankelende water en ze genoot.

Ook zij zag er lekker verwilderd uit; haar trui was gescheurd en haar bloes was een vod geworden, maar het kon haar allemaal niks schelen. Ze vond dit een zalig avontuur en ze wilde best haar hele leven in het bos blijven en leven van eh... jacht en zo, en wilde bessen.

Juffrouw Knoops zuchtte.

'Ik had je niet mee naar de bioscoop moe-

ten nemen...' zei ze. 'Dit is nu mijn straf. We zijn in een griezelig oerwoud geraakt en we weten niet eens wáár. We weten niet eens in welk werelddeel. Misschien zitten we in Siberië. Of in Alaska. Denk je dat we in Siberië zijn, Lotje? Aan 't begin van de film werd toch nog gezegd waar de film speelde? Of niet? Weet jij 't nog?'

'Eh...' zei Lotje. 'Ik weet het niet. Ik heb er niet op gelet.'

'Ik ook niet,' zei juffrouw Knoops spijtig. 'Maar het doet er ook niet toe. Per slot zijn we úít de bioscoopzaal gekomen en we moeten dus proberen de bioscoopzaal terug te vinden. Maar hoe? Hoe? Morgen moet ik weer op kantoor zitten, dan is mijn vakantie om. En jij moet morgen naar je ouders terug. En wat zullen die wel zeggen als je niet komt? En straks wordt het donker. Straks komt de nacht. O Lotje! Ik ben bang!'

En juffrouw Knoops huilde.

Lotje legde haar arm over haar schouder en zei: 'Niet huilen, niet zo huilen. Ik zal goed op u passen. Laat de beren en de wilde beesten maar opkomen. Ik zal wel zorgen dat ze u niet opeten.'

Ze voelde zich ineens heel groot en sterk. Ze was niet bang. Ze vond het allemaal eigenlijk verrukkelijk en het enige nare was dat juffrouw Knoops praatte over kantoor en ouders en teruggaan. Wat kon er nou heerlijker zijn dan in een echt wild bos te verdwalen?

'Kom kind, we moeten weer verder,' zei juffrouw Knoops en ze stond moeizaam op.

En daar ging het weer. Ze probeerden steeds in dezelfde richting te lopen, maar dat was nu juist zo moeilijk omdat er geen paden waren. Telkens moesten ze hele omwegen maken, omdat er rotsen en dichte struiken in de weg stonden en ze hadden het gevoel of ze aldoor in een kringetje liepen.

'Ik kan niet meer...' jammerde juffrouw Knoops en ze ging zitten op een open plek.

'Zullen we hier dan maar kamperen?' vroeg Lotje. 'De zon gaat straks onder.'

'Kamperen? Hier? Tussen de wilde beesten? Nooit!' zei juffrouw Knoops en ze stond dadelijk weer op en wankelde verder op haar hoge hakken.

'Goed,' zei Lotje. Zij kon nog wel verder. Ze was niet moe en ze had geen last van zere voeten omdat haar gympjes veel makkelijker waren dan de elegante pumps van juffrouw Knoops.

Lotje liep voorop. Ze boog telkens de takken van de struiken opzij zodat ze er allebei door konden.

Hé, er schemerde iets rossigs tussen de bomen. Weg was het weer. Misschien een vos? Misschien hún vos?

'Zag je dat?' vroeg juffrouw Knoops.

'Het was een vos,' zei Lotje. 'Misschien de onze.'

'Voor mijn part,' zei juffrouw Knoops. 'Het kan me niets meer schelen. Als ik hier maar uit kom. Die nare vos. Het is zijn schuld dat we hier strompelen. Ik wil het beest nooit meer zien.'

Lotje snoof even de lucht in. Het was mogelijk dat ze het zich verbeeldde, maar rook ze niet even een vleugje kamferlucht?

'We gaan waarschijnlijk niet eens de goeie kant op...' klaagde juffrouw Knoops. 'Wie weet raken we dieper en dieper in de bossen en kijk hoe laag de zon staat. Het wordt donker.'

En het was zo. De zon speelde niet meer tussen de takken; het leek nu of het bos stiller werd en eenzamer en killer. Ze werden door het duister ingesloten, ze konden niet meer zien waar ze liepen, telkens struikelden ze... 'Ik ga niet verder...' riep juffrouw Knoops. 'Laat ons dan maar sterven in dit woud.' Waarna ze haar schoenen uittrok en languit op de hobbelige bodem ging liggen.

'Wacht even,' zei Lotje. 'Laten we een bed maken van bladeren en mos. Laten we het een beetje makkelijk en gezellig maken.' En ze liep bedrijvig heen en weer in het donker, verzamelde een hele berg droge blaren die ze in een holletje tussen twee boomstammen uitspreidde.

'Zo,' zei ze. 'Hier kunnen we heerlijk slapen.' Juffrouw Knoops sleepte zich naar het blarenbed en ging erop liggen, doodmoe.

'Wat ben je toch een lief kind,' zei ze. 'Wat zorg je goed voor me. En wat ben ik een ouwe zeurpiet.'

Toen viel juffrouw Knoops in slaap. En Lotje die naast haar lag soesde nog even met dichte ogen en genoot. Het was zo heerlijk en zo bijzonder en zo avontuurlijk. Het was zo wonderbaarlijk om zomaar in de open lucht te slapen, hélemaal in het wild, in een groot woest woud. En het rook zo lekker, het rook naar dennen en ook naar loofbomen en ook naar aarde en naar rotte blaren en ook naar vrijheid en naar nooit-meer-iets-hoeven en naar... naar... wat was dat voor een geurtje, dat ze opving, vlak voor het slapen gaan. Lotje snufte... kamfer. Kamfer! Dat betekende... Maar de slaap drukte zo zwaar op haar oogjes... langzaam zonk ze weg tussen de dorre blaren met al die duizend geuren om haar heen, heel diep, heel diep in een slaap zonder dromen.

Was het door de wind, dat Lotje ineens wijd, wagenwijd wakker was? De wind ruiste hoog boven haar in de toppen van de dennen. Het suizen was zo sterk, zo sterk en nu ze naar boven keek zag ze een zilveren reep van de hemel. De maan scheen. Maar nee, er was ook nog een ander geluid. Er ritselde iets. Er schuifelde iets tussen de bomen. Er kwam iemand aan. Iemand? Iets?

Lotje zat recht overeind, leunend op haar handen en binnen in haar werd het ijskoud van schrik. Naast haar lag juffrouw Knoops, roerloos en diep in slaap, Vlak om hen heen was het pikdonker, maar iets verderop zag Lotje duidelijk de silhouetten van de bomen en de struiken in een vloed van maanlicht. Het geritsel kwam dichterbij. Lotjes ogen keken en keken en het was of al haar haren prikten op haar hoofd van spanning.

Toen zag zij hem. Het was een beer. Een beer die op zijn vier voeten zachtjes voortschuifelde tussen de blaren en de struiken en het mos. Zij zag zijn grote donkere lijf, zijn kop die licht heen en weer wiegelde...

'Help!' gilde Lotje. 'Heéeéeeelp!'

Juffrouw Knoops proestte en hikte in haar slaap en riep: 'Hè? Wat?'

Lotje was opgestaan; ze trok juffrouw Knoops aan één arm overeind en ze stotterde: 'W-w-w-weg! Kom!'

Met de half slapende juffrouw Knoops aan de hand wrong zij zich tussen een haag van struiken door.

'En nu lopen. Hard lopen,' beval ze.

'Ik heb m'n schoenen niet,' jammerde juffrouw Knoops. Maar Lotje trok aan haar hand en rukte haar mee. Ze liepen, ze holden, ze renden, nu en dan struikelend over boomwortels. De takken van lage boompjes zwiepten in hun gezicht, dorens krasten in hun armen en langs hun benen.

'Toe dan...' hijgde Lotje.

'Wat was er dan toch?' vroeg juffrouw Knoops klaaglijk.

'Een beer,' zei Lotje.

En nu was het juffrouw Knoops die het hardst liep. Zij trok aan Lotjes arm en sleepte haar verder, verder, verder door dit grote stille nachtelijke ontoegankelijke bos.

Toen ze eindelijk stilstonden omdat ze geen adem meer over hadden, hijgde Lotje: 'Laten we even luisteren.'

Ze luisterden.

Het was stil.

De bomen ruisten boven in de toppen. Maar er kraakte niets. Er ritselde niets langs de grond. Of toch? Was er een licht gekraak van brekende dorre takjes, daarginds?

Lotje luisterde en haalde diep adem. En toen rook ze het weer. Kamfer.

'Het is ónze vos...' fluisterde ze. 'Het is onze vos. Kijk, daar gaat-ie.' En ze wees tussen de boomstammen.

'Waar?' vroeg juffrouw Knoops.

'Daar,' zei Lotje. 'Kom mee... Ik heb hem gezien. Ik zag duidelijk zijn lijfje en zijn staart. Kom...'

Gek, het was alsof ze ineens niet zo bang meer waren voor de beer en voor andere wilde dieren die hier misschien rondzwierven. Ze hadden nu het gevoel of ze een gids hadden in het bos. Nu en dan snoof Lotje, zoals een hond die een spoor volgt en zolang ze kamferlucht rook, wist ze dat ze de goede richting uit gingen.

De arme juffrouw Knoops had haar schoenen achtergelaten, maar haar tas klemde ze tegen zich aan en zonder zeuren of klagen bleef ze volhouden op die moeilijke tocht.

'Hij heeft ons in de film gebracht, die vos,'

zei juffrouw Knoops. 'Hij zal er ons misschien ook weer uit brengen.'

'Nou ruik ik 'm opeens niet meer,' zei Lotje.

Ze stonden allebei stil en snuffelden.

Nee, er was geen spoor van kamferlucht meer te bekennen. Waren ze het spoor kwijt? Hadden ze een verkeerde richting gekozen? Waar was hun vos?

'Toch is het net of het bos hier heel anders is,' zei juffrouw Knoops. En het was inderdaad zo. Hier leek het veel meer op een park dan op een bos. Er groeide hier gras. Er waren zware olmen, in plaats van dennen en laag loofhout. De rotsen waren verdwenen.

'Ik zie een huis!' riep Lotje. 'Ik zie licht!'

'Goddank,' zei juffrouw Knoops. En ze huilde van opluchting. 'Een huis.' Met nieuwe moed zetten ze koers naar het huis dat tussen de bomen schemerde.

'Het is een kasteel of zoiets,' zei juffrouw Knoops. 'In elk geval is het een heel groot huis. Kijk 's, met een torentje.'

Ze waren er nu vlakbij. Tegen de zilveren maanhemel stak het silhouet van muren en torentjes scherp af. Er was één kamer verlicht.

'Hoe komen we erin?' zei Lotje. 'Waar zou de voordeur zijn? We moeten bellen.'

Ze liepen om het huis heen, maar ze konden geen voordeur vinden.

'Hier is wel een trap,' zei juffrouw Knoops. 'Kijk, een trap naar de veranda. Laten we daar maar langs gaan.'

Ze gingen zachtjes de trap op en kwamen op de veranda, die langs de hele achterkant van het huis liep.

'Ik hoor zingen,' zei Lotje. 'Luister 's.'

Ze stonden stil en luisterden. Er klonk pianomuziek uit de verlichte kamer. En een vrouw zong erbij.

'Mooi hè?'

'Ja, mooi,' zei juffrouw Knoops. 'Kom, we gaan even door het raam kijken. Als die mensen geen voordeur hebben, dan gaan we maar aan hun ramen tikken.'

Ze liepen de veranda langs tot bij de verlichte ramen en ze keken. Daarbinnen was een grote, prachtig gemeubelde kamer. Aan de vleugel zat een jong meisje in een groenzijden japon. Naast haar, op een taboeret, zat een jongeman die luisterde en glimlachte.

'Och, kijk nou toch 's, wat snoezig...' fluisterde juffrouw Knoops. 'En wat zingt ze mooi.'

'Zullen we aan het raam tikken?' vroeg Lotje.

'Nog niet... even wachten. 't Is zo onbeleefd om ze te storen middenin het lied.'

'Maar ik heb zo'n honger,' klaagde Lotje. 'Ik wil zo graag om eten vragen.'

'Toch even wachten,' hield juffrouw Knoops vol.

Ze stonden vlak naast het open raam, tegen de muur aan gedrukt. Lotjes ogen gluurden nieuwsgierig door de hele kamer. Er stond een prachtige antieke kast, er was een tafeltje waar boeken op zwierven en tijdschriften, er lagen donkerrode kleden op de vloer en daar in de hoek was een soort toonbank met glaasjes en flessen. En daarnaast... Lotje hield ineens haar adem in. Daar, in die hoek, halfverscholen tussen de gordijnen, stond een man.

Het was een man met een lange hals. Hij had een gemeen gezicht. En in zijn hand hield hij een revolver. En hij hield de revolver gericht op het jonge meisje voor de piano.

'Aaaah...' zuchtte Lotje. Het was een zucht van ontzetting.

'Wat is er?' fluisterde juffrouw Knoops.

Lotje zei heel zacht: 'Kijk daar, in die hoek.'

Juffrouw Knoops keek. Toen gaf zij een enorme gil. Abrupt stopte de muziek. Er

klonk een schot, geluid van brekend glas...
'Kom mee,' zei juffrouw Knoops en ze trok
Lotje aan de hand mee, langs de veranda. Het
was nu donker daarbinnen, ze hoorden het
meisje gillen en ze hoorden een mannenstem.

'Kom mee...' drong juffrouw Knoops aan.

'Nee...' fluisterde Lotje. 'We moeten haar
helpen. We moeten iets doen.'

Maar juffrouw Knoops rukte aan haar arm,
en plotseling hoorden ze iemand over de veranda lopen. Hij kwam op hen af. Blijkbaar
was de man met de lange hals uit het raam op
de veranda geklommen en achtervolgde hij
hen nu.

'Gauw, gauw...' siste juffrouw Knoops. Ze
holden samen de lange veranda langs. Juffrouw Knoops stootte een deur open en ze
kwamen in een pikdonkere gang die ze door
liepen. Maar ook de man was die deur door
gegaan en hij volgde hen... hij was vlak achter
hen... ze hoorden hem stommelen en hijgen.

Zonder een woord te zeggen renden juffrouw Knoops en Lotje het huis door. Ze gingen trapjes op, door slaapkamers heen; in
hun vaart gooiden ze stoelen om, duwden ze
tegen tafeltjes met vazen, die kletterend in
stukken vielen. Ze trokken deuren open en
ze sloegen deuren dicht, en ze durfden niet
stil te staan om te luisteren of hun achtervol-
ger hun nog op de hielen zat.

'Gauw, gauw. Kom dan...' hijgde juffrouw
Knoops telkens weer en ze deed nu een deur
open, waarachter een steile trap naar beneden leidde. Samen holden ze de trap af, kwamen in een gang, duwden de eerste de beste
deur weer open en bleven achter die deur
stilstaan.

'Sssst...' zei juffrouw Knoops. 'Niet bewegen. Komt hij?'

'Ik weet het niet,' fluisterde Lotje. Ze hijg-
den allebei van uitputting.

'Wat is het hier voor een kamer?' vroeg juffrouw Knoops.

Lotje deed een paar stappen. Het was pikdonker. Ze bukte zich. 'Ik geloof een wijnkelder, of zoiets,' zei Lotje. 'Ja, een wijnkelder. Ik voel flessen.'

'Sssst...' zei juffrouw Knoops. 'Hij komt. Ik hoor 'm de trap afkomen. Gauw, gauw, kom hier achter de deur.'

Nauwelijks was Lotje weer bij juffrouw Knoops achter de open deur gekropen, of ze hoorden de man in de benedengang. Hij voelde blijkbaar dat de deur open was en hij kwam binnen, hijgend, zoals zij.

Even stond hij heel stil. Toen deed hij een paar passen naar binnen en Lotje begreep dat hij om zich heen tastte. Straks zou hij achter de deur voelen en haar of juffrouw Knoops pakken.

Zij hield haar adem in en wachtte nog een paar seconden. Toen schoot ze als een veer uit een doosje naar voren en gaf de man een duw. Met haar volle gewicht was ze tegen hem aan gelopen en de man viel languit tussen de flessen. Voor hij weer op kon krabbelen, had Lotje juffrouw Knoops bij de hand gepakt, ze gingen de kelder uit en deden de deur aan de buitenkant op slot.

'En nu naar boven,' zei Lotje. 'Misschien is die mooie dame wel gewond. Laten we gauw die kamer zien terug te vinden. Hoort u ergens iets?' Ze luisterden even op de trap, maar ze hoorden geen geluid. Blijkbaar waren ze te diep beneden in het huis.

'We moeten in elk geval deze trap op,' zei juffrouw Knoops. 'En nu, geloof ik, zó. En dan deze gang door. Ja, hier zijn we geweest. Kunnen we nergens licht opdraaien? Zoek jij eens naar een knopje. O, ik geloof dat we nu die deur moeten hebben.'

Zij deed weer een deur open en ging erdoor, met Lotje op haar hielen.

'Weer een trapje,' zei Lotje. Ze stommelden het trapje af en kwamen alweer in een gang.

Wat een gek huis, dacht Lotje. Het hangt van trapjes en gangen aan elkaar. Maar nu stonden ze beiden plotseling stokstijf stil. Deze gang... er waren mensen... er zaten aan weerszijden van de gang mensen. In het donker. Heel stil. En daarnaast weer mensen. Hele rijen zwijgende mensen. Het was...

'De bioscoop...' fluisterde Lotje.

'We zijn weer in de bioscoopzaal...' zei juffrouw Knoops.

'Sssst,' werd er dringend gefluisterd. 'Wees toch stil!'

Juffrouw Knoops en Lotje liepen een eindje langs het gangpad en ze vonden twee plaatsen, waar ze volkomen verbijsterd gingen zitten. Voor hen was het doek.

'Daar zijn wij uit gekomen,' zei juffrouw Knoops, nog hijgend. 'Kijk, daar is die kamer.'

Lotje keek. Het wás die kamer. Diezelfde antieke kast, het tafeltje, de Perzische kleden, de flessen en de glazen en de tijdschriften. Maar het mooie jonge meisje stond nu naast de piano in haar groene jurk.

'Ze is niet gewond, gelukkig,' zei Lotje. 'En de jongeman ook niet. Kijk, er is al een agent bij.'

'Ah, ze hebben de politie gebeld,' zei juffrouw Knoops. 'Dat is wijs. Nu zoeken ze naar die langhals.'

Ze zagen het meisje, de jongeman en de agent de gang in gaan, lichten aandoen en het huis doorzoeken. Ze zagen de kamers en de lange gangen waar ze zelf zo-even in het donker doorheen waren gestommeld. Nu en dan wees de agent op gebroken vazen en omgegooide tafels.

'Hij zit in de wijnkelder,' siste juffrouw Knoops luid.

'Ja,' riep Lotje. 'In de wijnkelder moet u zoeken!'

'In de wijnkelder,' riep juffrouw Knoops nog eens hard.

'Sssssst...' riepen de mensen om hen heen. 'Weest u toch stil!'

'Nou, dan moeten ze 't zelf maar weten,' zei juffrouw Knoops.

Maar het was of de agent op de film hun woorden toch had gehoord. Hij ging nu tenminste regelrecht de steile trap af, en de wijnkelder binnen. En toen was het nog maar een kwestie van enkele minuten. De boef werd overweldigd en geboeid. Het jonge meisje ging met haar jongeman op de veranda zitten, in de maneschijn. En ze omhelsden elkaar.

'Kijk, ónze veranda...' fluisterde Juffrouw Knoops.

'De vos!' gilde Lotje plotseling.

'De vos!' stamelde juffrouw Knoops.

Het jonge meisje op de film had de vos om haar hals. Hún vos. De vos van juffrouw Knoops. Blijkbaar had ze het ding omgeslagen voor ze naar de veranda ging, want daarvóór had ze hem niet aangehad.

'Mijn vos...' zei juffrouw Knoops verontwaardigd. 'Wacht, ik zal 'm eens even gaan halen.'

'Niet doen...' zei Lotje en hield haar stevig vast aan een mouw. 'Niet de film in gaan.'

'Je hebt gelijk,' zuchtte juffrouw Knoops. 'Maar het is toch schandalig!'

'Ze legt 'm neer,' zei Lotje.

Het meisje op de film had de vos van haar schouders afgenomen en liet het ding achteloos op de grond glijden.

'Waar ligt-ie nou?' vroeg juffrouw Knoops. 'Kun jij 'm zien?'

Lotje rekte zich, maar daar beneden op de vloer van de veranda was het donker. Ze zag niets.

Het meisje en de jongeman omhelsden elkaar nog eens. Er klonk muziek van een groot orkest. De film was uit. De lichten gingen aan; de mensen stonden op en gingen de zaal uit. Juffrouw Knoops keek Lotje aan.

'Dit was de hoofdfilm,' zei ze. 'Begrijp je nou zoiets, Lot? We zijn de voorfilm in gegaan, en we zijn de hoofdfilm uit gekomen. En onze vos is in de hoofdfilm gebleven.'

'Nee,' zei Lotje. 'Dat geloof ik niet.' Ze bukte zich en raapte iets op.

'Astublieft,' zei ze. En ze reikte juffrouw Knoops de vos.

'Goeie genade...' prevelde juffrouw Knoops en ze durfde het beest bijna niet vast te pakken. Toch was het haar eigen vos, met de klauwtjes en de staart en het rossige kopje met de bruine oogjes. Gewoon een slappe vossenbont.

'Weet je wat het is, Lotje? We hebben het gedroomd,' zei juffrouw Knoops. 'Heb jij het ook gedroomd, dat we de film in liepen en al die avonturen beleefden?'

'We hebben het niet gedroomd,' zei Lotje.

'Kijk maar hoe vuil we zijn. En uw schoenen. Waar zijn uw schoenen?'

'O jee,' kreunde juffrouw Knoops. 'Die staan nog in het bos!'

'Gaat u niet naar huis?' vroeg een vriendelijke bioscoopjuffrouw. 'De voorstelling is afgelopen. Wij sluiten.'

Toen ze buiten kwamen, zagen ze dat het pikdonker was op straat. En op de torenklok zagen ze de wijzers op half twaalf staan.

'Wel heb ik van m'n leven,' zei juffrouw Knoops. 'Vanmiddag zijn we naar de bioscoop gegaan. We zijn toen de voorfilm in gelopen en nu vanavond bij de tweede voorstelling zijn we de hoofdfilm weer uit gekomen.'

'Het komt allemaal door de vos,' zei Lotje. 'De vos had heimwee naar het bos en is erin gelopen toen hij zijn kameraadjes zag. Maar de andere vosjes wilden hem niet meer kennen, denk ik, want hij rook zo naar kamfer. Hè? Jij rook zo naar kamfer...' zei Lotje tegen de vos om juffrouw Knoops' hals.

'Toen heb je ons weer opgezocht,' zei Lotje tegen de vos. Je dacht: als ik dan toch niet meer bij mijn kameraadjes mag zijn, laat ik dan maar weer teruggaan. Is het niet?' Het vosje keek haar aan, maar het zei niets.

'Och meid,' zei juffrouw Knoops. 'Wat fantaseer je toch.'

'Ja,' zei Lotje. 'Zo moet het gegaan zijn. Ons vosje heeft toen de uitgang naar de bioscoopzaal weer teruggezocht. Of de ingang, wat moet ik eigenlijk zeggen. In elk geval kwam hij, net als wij, in de hoofdfilm terecht. En is er op 't állerlaatste moment uit gelopen. En weet u wat ik me nou afvraag? Zou die film anders zijn afgelopen als wij er niet geweest waren?'

'Jij loopt maar te praten...' klaagde juffrouw Knoops. 'En hier staan we op straat, vuil en bemodderd. En ik zonder schoenen. O, daar is een broodjeswinkel. Laten we een broodje eten met een glas melk, 't is nu tóch laat.'

Toen ze in een broodje met ham hapten, voelden ze pas hoe erg hun honger was. 'Mmmm...' zei Lotje, 'wat fijn! En wat hebben we een heerlijke dag gehad.'

'Welja...' bromde juffrouw Knoops. 'Noem het maar heerlijk. Enfin, ik heb m'n vos terug, al ben ik m'n schoenen kwijt. Denk erom, Lot, dat je hier met geen mens over praat. Iedereen zou ons voor gek verklaren als we het vertelden. Stel je voor, dat ik aan mijn vriendinnen vertelde: we zijn naar de bioscoop geweest en we zijn de voorfilm in gelopen, en 's avonds kwamen we er in de hoofdfilm weer uit! Stel je voor, dat ik dat vertelde. Ze zouden me stellig voor getikt houden.'

'Mag ik het dan aan mijn vriendinnetjes thuis vertellen?' vroeg Lotje.

'Ga je gang maar. Kom, nu nemen we een taxi, want ik ga niet op mijn kousenvoeten naar huis.'

Toen ze in de taxi zaten, vuil en moe, lag Lotje slaperig tegen de schouder van juffrouw Knoops aan. En ze dacht: wat heerlijk was het. En wat jammer dat het nu uit is. Maar... besloot ze, als ik in de kerstvakantie weer in de stad ga logeren, dan wil ik beslist naar de cinemascope. Op m'n eentje. En dan ga ik de film weer in...

Toen de taxi stopte, moest juffrouw Knoops een slapende Lotje de trap van het huis op dragen.

Als vogeltjes gaan slapen

MET TEKENINGEN VAN MARIJE TOLMAN

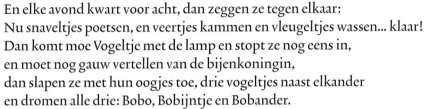

Als vogeltjes gaan slapen, dan slapen ze in een nest,
dat is nu eenmaal zo, in noord en zuid en oost en west,
maar deze kleine vogeltjes, die hebben een lie-zju-moo!
De eerste heet Bobijntje en de tweede heet Bobo,
de derde heet Bobandertje, en voor zover ik weet
bestaat er niemand, niemand, niemand, niemand die zo heet.

En elke avond kwart voor acht, dan zeggen ze tegen elkaar:
Nu snaveltjes poetsen, en veertjes kammen en vleugeltjes wassen... klaar!
Dan komt moe Vogeltje met de lamp en stopt ze nog eens in,
en moet nog gauw vertellen van de bijenkoningin,
dan slapen ze met hun oogjes toe, drie vogeltjes naast elkander
en dromen alle drie: Bobo, Bobijntje en Bobander.

En 's morgens zegt moe Vogeltje: 't Is zeven uur, sta op!
Nu snaveltjes poetsen, veertjes kammen, vleugeltjes wassen... hop!
Dan moeten ze naar het Instituut voor Vogeltjesonderwijs.
Daar krijgen ze les in tsjiep-tsjiep-tsjiep van ene meester Sijs.
En meester Sijs zegt iedere morgen: Wel, het is weer zo,
de knapste vogeltjes zijn Bobijn, Bobander en Bobo.

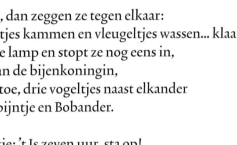

Meneer Hammes en de tijgers

MET EEN TEKENING VAN HARRIE GEELEN

Meneer Hammes was een rustige oude heer, die niet van lawaai hield. In de stad waar hij woonde was altijd lawaai, altijd auto's en ratelende karren en altijd mensen om hem heen, die schreeuwden en telefoneerden en tegen hem praatten. Daarom hield hij het niet langer uit en op een mooie dag ging hij weg. Hij ging meteen maar heel ver weg, naar Azië, daar was het rustig. Hij ging er midden in het oerwoud zitten, bouwde een hutje van boomstammen met een dak van blaren, kookte tuttifrutti boven een vuurtje en was heel tevreden.

Er woonden in dat oerwoud ook een heleboel beesten. Er waren olifanten en er waren apen en er waren tijgers. Met de olifanten en de apen ging het best, daar was meneer Hammes meteen goede maatjes mee. Maar de tijgers, die waren niet zo toeschietelijk. Ze kwamen met hun allen om het hutje staan, begonnen vreselijk te grommen en zeiden tegen elkaar: 'Dat wezen op twee benen ruikt lekker, we gaan hem opeten.' Toen meneer Hammes dit hoorde, kwam hij naar buiten en zei: 'Lieve tijgers. Ik begrijp dat het jullie aard en gewoonte is om iedereen op te eten die lekker ruikt, maar luister nu eens even. Ik ben niet zo lekker als ik ruik. Bovendien, als je me opeet, dan kunnen we geen goede vrienden meer zijn, en dat is toch heel erg jammer. Laat me leven, dan zal ik jullie altijd helpen als je in moeilijkheden komt.'

'Afgesproken,' zeiden de tijgers, want ze waren helemaal ontroerd door deze toespraak. En sindsdien waren meneer Hammes en de tijgers buitengewoon goede vrienden. Zij kwamen hem iedere dag een bezoek brengen, legden hun koppen tegen hem aan en begonnen dan te spinnen als poezen.

Maar op zekere dag kwam de oudste van de tijgers, Harimau, hard aanlopen en zei: 'Meneer Hammes, o, meneer Hammes, er is een boze man in het oerwoud. Hij schiet tijgers dood. Hij heeft mijn neef al doodgeschoten en mijn oude tante heeft een schot in haar poot.'

'Och, och,' zei meneer Hammes bedroefd. 'Waar is die man? Ik zal hem direct gaan opzoeken.'

'Hij zit in een ding dat rijdt,' zei Harimau, 'en hij staat soms stil met dat ding op de Grote Open Vlakte.'

Meneer Hammes ging direct naar de Grote Open Vlakte en vond daar een jagersman in een auto. De jagersman was speciaal naar Azië gekomen om op tijgers te schieten. Hij maakte er haardkleedjes van.

'Mag ik me even voorstellen? Ik ben meneer Hammes,' zei meneer Hammes.

'Aangenaam, mijn naam is Puttenbroek,' zei de jagersman. Hij was bezig zijn geweer schoon te maken en keek alweer loerend in het rond of er niet een tijger aankwam.

'Tja,' zei meneer Hammes, 'ik ben even bij u gekomen om over een netelige kwestie te spreken. Ik heb vernomen dat u tijgers schiet. Mag ik ook vragen, waarom u dat doet?'

'Ik maak haardkleedjes van ze,' zei de jager, 'en bovendien vind ik het dapper en moedig van mezelf om tijgers te schieten.'

'Luister eens,' zei meneer Hammes. 'Hoeveel haardkleedjes hebt u al in uw huis?'

'Tien,' zei meneer Puttenbroek. 'En mijn vrouw heeft ook al zeven bontjassen van tijgervellen.'

'Is dat dan niet voldoende,' zei meneer Hammes. 'Wat zou u ervan denken om voortaan eens neushoorns te gaan schieten?'

'Dat is eigenlijk wel een uitstekend idee,' zei meneer Puttenbroek. 'Waar kan ik die vinden?'

'In Frankrijk,' zei meneer Hammes. 'Daar zijn de meeste neushoorns van heel de wereld. Neemt u nu meteen uw auto en rij naar Frankrijk, daar kunt u net zoveel neushoorns schieten als u wilt.'

Meneer Puttenbroek was heel blij met de tip. Hij reed in zijn auto weg naar Frankrijk en wuifde heel vrolijk nog eens achterom.

En meneer Hammes ging terug naar zijn tijgers en riep: 'Hij is weg, jongens!'

'O, wat ben je toch een goeie brave man,' zeiden de tijgers. 'Hoe kunnen we je bedanken, kom eens gauw hier, dan krijg je een lik!'

En ze gingen gezellig met z'n allen een beetje spelen in het oerwoud.

Onderwijl ging meneer Puttenbroek op zoek naar zijn neushoorns. Hij doorkruiste heel Frankrijk, maar heeft er nooit een kunnen vinden.

Wel heel zielig, maar misschien komt hij er nog wel eens een tegen.

Op de boerderij

MET EEN TEKENING VAN MARIJE TOLMAN

Als de boer en de boerin naar stad toe gaan,
blijven alle dieren netjes bij het hekje staan,
en ze wuiven en ze roepen: Tot morgen!
Wij zullen wel voor alles zorgen!
En de haan
poetst de kraan
en de kat
klopt de mat
en de pauw zet even gauw
een kopje thee.
Alle dieren, alle dieren helpen mee.

Als de boer en de boerin naar stad toe zijn,
gaan de kippen aan het boenen met de
    terpentijn
en dan gaan ze gauw de ramen zemen
en vervolgens stof afnemen.
En de geit
maakt 't ontbijt,
en de hond
veegt de grond.

Twee kalkoenen
zijn aan 't boenen
in 't portaal.
En ze werken en ze sloven allemaal.
Als de boer en de boerin naar stad toe zijn,
zegt het ene konijn tot het and're konijn:
Kom, nu gaan wij fijn het bed opmaken,
jij het sloop en ik het laken.
En de bok
stopt een sok
en het paard
bakt een taart
en het varken
staat te harken
op het pad.
't Is zo druk in huis en iedereen doet wat!

En de boer en de boerin die komen thuis:
Wat is 't keurig
    keurig
    keurig
    in het huis!

Otje · De poes van de wasserette

MET TEKENINGEN VAN FIEP WESTENDORP

Op het dorpsplein van Garzelen staat hotel De Kroon.

Het was zaterdagmiddag en de gasten zaten in de gelagkamer naar de televisie te kijken. Er was een voetbalwedstrijd aan de gang en ook de waard van het hotel zat voor het toestel.

Toen kwamen er twee mensen binnen.

Een kok en een klein meisje.

De baas keek nauwelijks op. De wedstrijd was veel te boeiend.

Tos kuchte en klopte hem op de schouder.

'Wat wou je?' vroeg de waard knorrig.

'Ik wou...' zei Tos, 'ik dacht... er staat bij u op de deur: "Kok gevraagd" en daarom...'

De baas draaide z'n stoel een kwartslag om en keek.

'Ik heb weliswaar geen papieren,' zei Tos, 'maar misschien zou ik een tijdelijke baan kunnen krijgen?'

Nu bekeek de waard Tos van top tot teen.

'Misschien zou dat kunnen,' zei hij. 'Maar ik wil geen vieze kok.'

'Vies?' stamelde Tos. Hij keek naar beneden, naar z'n jasje. Hij had op reis al twee jasjes vuilgemaakt. Dit was z'n laatste. Otje had het gewassen in een plas. En ja... het was wel wat groezelig en erg gekreukt.

'Het kan gewassen worden,' zei hij.

'Ik neem geen landloper,' zei de waard. 'Goeiendag.' En hij zette zich weer voor het toestel.

Tos werd boos. Z'n wenkbrauwen trokken samen, z'n gezicht werd bloedrood, z'n ogen puilden uit. Hij pakte een stoel op...

'Niet doen!' riep Otje. Ze zag het aankomen. Tos had een driftbui. Zo meteen zou hij met die stoel de televisie verbrijzelen. 'Niet doen!'

Tos luisterde niet. Hij deed een stap vooruit, de stoel boven z'n hoofd getild. Otje keek snel om zich heen, greep een glas kersenlimonade met ijs, dat voor een van de gasten stond en smeet met kracht de inhoud pardoes in haar vaders gezicht.

Dat hielp.

Tos proestte en hoestte en liet de stoel zakken.

'Kom mee,' zei Otje. 'We gaan weg.'

Ze had een hele opschudding verwacht in de zaal, maar het vreemde was dat geen mens iets had gemerkt. Zo spannend was de wedstrijd op de buis.

Otje trok haar vader mee naar buiten.

'Nu ben ik werkelijk vies!' jammerde Tos, toen ze weer in de auto klommen. 'En ik kleef!'

'Wacht even, rij nog niet weg, daar is een wasserette,' zei Otje. 'Ik ga nog even kijken of ze open zijn.'

De wasserette was dicht. Het was zaterdagmiddag vijf uur. De straten van het dorp waren doodstil want alle mensen zaten thuis bij de televisie.

Alleen een dikke grijs gestreepte poes lag te slapen op de stoep. Toen Otje langsliep deed ze één oog open en zei: 'Had je iets te wassen gehad?'

'Twee tassen vol,' zei Otje.

'De vrouw is naar huis,' zei de poes. 'Ze woont naast de wasserette. Ik ook. Ik woon bij de vrouw.'

Toen deed de poes haar oog weer dicht. Het leek of ze weer in slaap was gevallen, maar toen Otje verder liep, zei ze: 'Aan de achterkant staat een raam open.'

'Bedoel je dat ik daarbinnen...' begon Otje.

'Natuurlijk bedoel ik dat,' zei de kat. 'Haal je was maar, ik wijs je de weg.'

Otje liep snel naar de wagen, pakte de tassen met vuil goed en zei: 'Kom mee papa, de kat achterna.'

'De kat achterna...' mompelde Tos. Maar hij kreeg geen tijd om erover na te denken. Gehoorzaam volgde hij Otje en de poes. Ze kwamen door een steegje bij de achterkant van de wasserette.

'Hier is het,' zei de kat. 'Ik ga vast voor.' Ze sprong in de wingerd en klauterde naar boven waar een raam openstond op de eerste verdieping.

'Kom maar!' riep de poes uit het raam.

'Ga jij maar alleen,' zei Tos.

'Nee,' zei Otje. 'We gaan samen. Alle kleren die je aanhebt moeten ook gewassen. Ik ga voorop en ik hijs je wel naar boven.'

Het was een stevige wingerd die tegen het huis groeide en Tos zakte er niet doorheen toen hij omhoogklom, geholpen door Otje. Puffend wrong hij zich door het raam. Ze waren binnen.

'Nu een trapje af,' zei de poes. 'Volg mij.'

Beneden in de salon stond een rijtje wasmachines.

'Vwalà,' zei de kat. 'Die knop is voor de bonte was en die is voor de witte.'

'Mogen we eh... onze kleren uittrekken?' vroeg Tos.

'Het hindert mij absoluut niet,' zei de kat.

Even later zaten ze voor de draaiende wasmachine op een bankje.

'Wel wel,' zei Tos. 'Dit is nog mooier dan de televisie. Weet je zeker dat je vrouw niet ineens kan binnenkomen? En ons hier vindt?'

'Vanavond komt ze nog even langs,' zei de poes. 'Maar pas na het journaal. Dus jullie kunnen ook nog strijken.'

Toen de wasmachine stilstond konden ze het goed er strijkdroog uithalen en de kat wees hun de weg naar de strijkkamer.

'Wat heerlijk,' zuchtte Otje. 'Alles schoon. Je mutsen en je jasjes en mijn truitjes en onze handdoeken.'

Juist toen het laatste hemd gestreken was en Otje de stapel was in de tassen pakte, toen stak de poes haar oortjes op en zei: 'Daar is ze!'

'Hemel, en ik ben bloot,' riep Tos.

'Ik hoor de sleutel in de voordeur,' zei de kat. 'Gauw gauw. Terug. Eerst naar boven en dan weer door het raam.'

Hoewel de voetbalwedstrijd was afgelopen, liepen er toch maar weinig mensen op straat. En dat was gelukkig, anders zou een blote kok in de wingerd veel opzien hebben gebaard.

Toen Tos en Otje veilig in de auto zaten, stond de vrouw van de wasserette verwonderd aan de ijzers te voelen.

'Nog heet...' mompelde ze. 'Hoe kan dat nou toch, poes?'

Maar de poes sliep.

De houtwurm

Een houtwurm zat in een keukenstoel
en at en at... een heleboel!
En op de stoel zat tante Mien,
ze had de houtwurm nooit gezien.
Die at maar door
en at maar door
totdat het krikte en krakte
en tante Mien
om kwart voor tien
pardoes door de stoel heen zakte.

Nicolaas Eduard Rammenas

Nicolaas Eduard Rammenas,
die had er een jas,
een prachtige jas,
een winterjas met knopen,
en toen de winter over was
zei Nicolaas Eduard Rammenas:
Nu ga ik die jas verkopen.

Voor een paar duiten
een jas met ruiten
en zakken van binnen
en zakken van buiten
en zeventien knopen,
kan helemaal dicht en kan helemaal open.
Wie wil hem kopen?

Niemand? Dan geef ik hem gratis present
aan de minister-president!
(Vind je niet, dat dat aardig was
van Nicolaas Eduard Rammenas?)

En als je nu iemand op straat ziet lopen
in een jas met ruiten en zeventien knopen,
dan weet je, als je snugger bent:
dit is de minister-president

en dat is de jas... (ssst)
die vroeger was... (stil nou!)
van Nicolaas Eduard Rammenas.

Jip & Janneke · In 't kippenhok

MET EEN TEKENING VAN FIEP WESTENDORP

'Waar ga jij naartoe?' vraagt Jip.

'Ik moet de kippen eten geven,' zegt Janneke. Ze heeft een bord met graantjes. En met een paar stukjes aardappel.

'Ik ga mee,' zegt Jip.

En samen gaan ze naar het kippenhok. Het kippenhok in Jannekes tuin.

'Tok tok tok,' roepen de kippen.

'Ze zien het al,' zegt Janneke. De kippen fladderen tegen het gaas op.

Janneke doet een klein luikje open. En ze strooit het eten naar binnen.

'Ik ook,' zegt Jip.

Hij krijgt ook een handvol om te strooien.

'Au!' roept Jip.

De haan heeft hem gepikt. De haan is zo gulzig. Hij springt hoog en pikt Jip.

'Lelijke haan!' schreeuwt Jip. 'Kijk, hij douwt ook de kippen opzij. Hij gunt ze niks. Hij wil alles alleen. Lelijke haan!'

104

En dan is het bordje leeg.

'Gaan ze nou eitjes leggen?' vraagt Jip.

'Ik weet het niet,' zegt Janneke.

'Weet je dat niet? Maar het zijn toch jouw kippen?'

'Ja,' zegt Janneke. 'Maar eitjes leggen doen ze in het leghok. En dat doen ze geloof ik 's nachts.'

'De haan ook?'

'De haan niet,' zegt Janneke. 'De haan legt nooit een ei.'

Jip kijkt heel lang naar de haan. En de haan kijkt heel brutaal terug. Dan gaat hij op zijn tenen staan en zegt: 'Ku ku-u-u-u kuuu!'

'Nou,' zegt Jip. 'Hij heeft veel te veel praats. Hij wil het meeste eten. En hij douwt iedereen opzij. En hij doet net of hij de koning is. Hij gaat op zijn tenen staan en maakt een hoop drukte. Maar eitjes leggen. Ho maar!'

En Jip steekt zijn tong uit tegen de haan.

Maar de haan trekt er zich niets van aan.

Pippeloentje · Boot

MET EEN TEKENING VAN HARRIE GEELEN

Kleine beertje Pippeloentje
geeft z'n mama beer een zoentje,
geeft z'n papa beer een hand,
want hij gaat naar Engeland.

Pippeloentje heeft een jekker
en een koffer met een wekker
en een grote zak met brood.
Hij gaat varen op de boot.

En de westenwind gaat waaien
en de andre beren zwaaien
en ze roepen met z'n allen:
Zal je niet in 't water vallen?

En niet op de reling staan?
En geen andre beertjes slaan?
En niet schoppen met je schoentje?
Goeie reis dan, Pippeloentje!

Abeltje · Het bovenste knopje

MET EEN TEKENING VAN THÉ TJONG-KHING

Op die woensdagmorgen had Abeltje zijn nieuwe pak aan, vuurrood met prachtige, glimmende, koperen knopen, en een lange broek met biezen, en op zijn vestjeszak stond met gouden letters: KNOTS.

'O, Abeltje,' zei moeder Roef. 'Je lijkt wel de kleine prins van Afghanistan, je lijkt wel de kleine generaal van Andorra!' Moeder Roef was nooit in Afghanistan of in Andorra geweest, maar het klonk zo mooi en ze vond haar zoon gewoonweg het summum en het toppunt!

Abeltje zat heel zenuwachtig zijn boterham met appelstroop te kauwen. 'Je komt toch niet bij de opening?' vroeg hij angstig.

'Natuurlijk kom ik wel bij de opening,' zei moeder Roef. 'Wat dacht je? Het grote warenhuis wordt geopend, en ik zal niet bij de opening zijn? Er blijft natuurlijk geen mens thuis. Iedereen zal er zijn. De burgemeester opent het. En mijn eigen zoon is liftjongen!'

'Ja maar,' zei Abeltje, 'je komt toch niet in de lift, hè?'

'Vanzelfsprekend kom ik in de lift,' riep moeder Roef.

'Ja maar,' zei Abeltje, 'dan moet je net doen of je me niet kent, hoor!'

Hij was zo vreselijk bang dat zijn moeder aan iedereen zou zeggen: 'En dit is nou mijn jongetje, mijn zoontje Abeltje, ziet hij er niet lief uit?'

'Goed,' zei moeder Roef, 'ik zal niets laten merken. Ik beloof het je. Ik zal je alleen stiekem toeknikken. Zo!' En ze knipoogde.

'Dan is het goed,' zei Abeltje.

Het was in het nieuwe warenhuis zo'n vreselijke drukte, dat je er haast niet meer doorheen kon wringen. Het leek precies een mierenhoop. Alle inwoners van Middelum verdrongen zich voor de draaideuren. Boven op het grote gebouw waaiden de vlaggen. Er schalde vrolijke muziek. De heren van de bedrijfsleiding hadden allemaal een witte bloem in het knoopsgat. De etalages waren prachtig versierd. Alle winkeljuffrouwen stonden in hun nieuwe, keurige, zwarte japonnetjes op hun afdelingen. Op de paraplu-afdeling was het het allerdrukst, want daar zou de burgemeester komen, zijn toespraak houden, en een lint doorknippen.

Abeltje stond ondertussen in de lift en in zichzelf stond hij zachtjes te murmelen. Hij had de laatste dagen thuis zijn lesje uit het hoofd moeten leren: 'Dames en heren... parterre... garnituren, herenmodeartikelen, paraplu's, tassen, handschoenen, bijouterieen, NAAIDOZEN!!! Eerste etage: babyartikelen, stoffen, schoenen, hoeden, SPEELGOED! Tweede etage: muziek, boeken, meubelen, FLUITKETELS!' enzovoort, van iedere etage moest hij precies in z'n hoofd hebben wat er te koop was. Hij had ook les gehad in de knopjes. Iedere etage had een speciaal knopje in die lift. Er was bovendien een knopje met ALARM, voor als er iets gebeuren mocht. En helemaal bovenaan was een groen knopje. Dat was nergens voor, had de man gezegd, die het hem uitlegde. Dat was zomaar.

'En hiermede open ik dit Warenhuis, dat onze Stad tot een Wereldstad zal maken!' riep de burgemeester met donderende stem. Hij knipte het mooie witte lint door.

'Hoera! Hoera!' schreeuwden de mensen en ze drongen binnen in de paraplu-afdeling.

Nu kon iedereen gratis in de lunchroom een kopje koffie krijgen met een appelbol. De lunchroom was op de derde etage en met vijftien tegelijk konden de mensen per lift naar boven. Abeltje kreeg het dus verschrikkelijk druk. Hij dreunde zijn rijtje af: Tweede etage... muziek, boeken, meubelen, FLUITKETELS! maar tot nu toe was niemand geïnteresseerd in fluitketels, ze wilden koffie, op de derde etage.

Daar was Abeltjes moeder ook. Ze was gekomen met een paar andere dames en werkelijk, ze hield woord. Ze knipoogde even tegen Abeltje, die er zo prachtig uitzag, als een kleine generaal, maar ze zei geen woord. Toen alle mensen koffie gehad hadden, was er weer een nieuwe attractie. Er werd een pop verloot, beneden, op de naaidozenafdeling.

'Hè, hè,' zei Abeltje, 'eventjes rust...'

Een poos lang kwam er niemand in zijn lift. Hij zat op z'n bankje en keek naar het bovenste groene knopje. Het leek toch wel een écht knopje. Wat zou er gebeuren als hij er 's op drukte. Zou hij het doen? Ach, er zou waarschijnlijk niets gebeuren. Gek, dat nou iedereen weer beneden bleef, bij die verloting en dat er niemand naar boven wilde. Of... ja, daar kwam toch iemand. Het was warempel Laura, zijn buurmeisje uit de Kerkstraat, die met hem in de klas gezeten had.

'Ik heb nog nooit in een lift gezeten,' zei ze. 'Mag ik 's naar boven?'

'Jawel,' zei Abeltje, 'kom maar. 'n Ogenblikje, daar komt nog iemand.'

Er kwam een man binnen met een rond hoofd en een bontkraagje op zijn jekker. 'Zo, jongeman,' zei hij. 'Ik wou graag naar de vierde etage. Ik moet naar de tapijtafdeling. Daarvoor moet ik toch naar de vierde?'

'Jawel, meneer, ogenblikje meneer,' zei Abeltje. 'Komt u binnen, dame.' Een dame met een ontzettend grote boodschappentas kwam binnen. 'Ik moet een koffiepotje hebben...' zei ze resoluut, 'een filterpotje, zogezegd.'

'Vierde etage, dame,' zei Abeltje. Hij sloot nu de glazen deur van de lift en dacht even na. Iedereen moest naar de vierde, behalve Laura, die het niet kon schelen, die wou alleen maar naar boven. Hij moest dus op het knopje voor de vierde drukken. Maar dat kleine, groenglazen knopje helemaal bovenaan... als hij daar eens op drukte... wat zou er dan toch gebeuren? Zouden ze dan hoger gaan dan de vierde...?

'Kom,' zei de man met 't bontkraagje, 'gebeurt er nog wat?'

Beneden op de naaidozenafdeling klonk een ontzettend gejuich. Blijkbaar had iemand de pop gewonnen. Abeltje strekte zijn hand uit en drukte op het bovenste knopje, dat nergens voor was. De lift schoot omhoog met een schok en ging pijlsnel naar boven.

'Oeiii,' riep Laura, ze voelde het in haar maag, het was een eng gevoel. Door de glazen deur zagen ze de eerste etage voorbijschieten, toen de tweede, toen de derde, toen de vierde... 'Nu komen we ergens op een zolder,' dacht Abeltje. De lift minderde niet in vaart... Ze hoorden een licht gekraak... gerinkel van glas... het was of ze door een glazen dak heen braken... Toen stonden ze daar alle vier in de lift door de glasdeur heen te kijken, vastgenageld van schrik. De lift vloog door de lucht! De lift was het gebouw uitgevlogen en ging nu snel... pijlsnel... steeds sneller de hoogte in.

'Goeie help...' zei Abeltje. 'Goeie lieve help!'

Pluk · Zaza

MET TEKENINGEN VAN FIEP WESTENDORP

Twee uur later kwam Pluk thuis. Hij ging naar boven met de lift en hij liep naar zijn torenkamer. Toen hij vlak voor z'n deur stond, rook hij iets merkwaardigs... een wasmiddel? 't Was een raar geurtje... een boenmiddel?

Néé! Pluk bleef stokstijf staan van schrik. De spuitbus rook hij. Het was de geur van een spuitbus. Hij grabbelde naar z'n sleutel en wilde z'n deur openen, maar het ging niet. Zijn sleutel paste niet meer. En toen pas zag hij het bordje

NAAIKAMER VAN MEVROUW HELDERDER

Pluk werd woedend. In de tijd dat hij weg was, had mevrouw Helderder zijn huis ingepikt. En dat terwijl ze zelf toch een flat had!

Hij bonsde op de deur. Er gebeurde niets. Hij bonsde nog harder. De deur ging half open en het hoofd van mevrouw Helderder verscheen.

'Wat moet dat?' vroeg ze.

'Dit is mijn huis!' riep Pluk. 'Wat doet u in mijn huis!'

Mevrouw Helderder bekeek hem van top tot teen en zei toen: 'Dat zal ik je precies vertellen. Het is jouw huis niet meer. Het is nu mijn naaikamer. Vraag het maar aan de portier van de Petteflet.'

'Dat kan niet! Dat mag niet!' riep Pluk. 'Het is altijd mijn huis geweest!'

'Gewéést, ja...' lachte mevrouw Helderder.

'Maar een jongen die z'n kamer niet schoonhoudt, moet eruit. Dat spreekt vanzelf. Dat vond de portier ook.'

'Ik héb m'n kamer schoongehouden!' schreeuwde Pluk.

'O ja?' vroeg mevrouw Helderder. 'Vind je? Een kamer waar kakkerlakken zomaar rondlopen... noem jij dat schoon?'

'Wat hebt u met mijn kakkerlak gedaan?' vroeg Pluk angstig.

'Dat zal ik je precies vertellen,' zei mevrouw Helderder. 'Ik zag 'm zitten in een hoek en ik heb hem flink bespoten met de spuitbus. En toen heb ik 'm in de vuilnisbak gegooid. Daarnaast je. Buiten.'

Pluk trok met een ruk de vuilnisbak open. Hij was leeg. 'De gemeentereiniging is nét geweest,' zei mevrouw Helderder tevreden. 'Je hoort ze beneden nog rammelen. Maar je hoeft niet meer te zoeken, hoor, het vieze beest is dood.'

Met een smak deed ze de deur voor Pluks neus dicht.

Pluk was niet een jongen die gauw huilde. Eigenlijk huilde hij helemaal nooit, maar nu werd zijn keel raar dik en hij voelde tranen over z'n wangen lopen. Zijn kleine vriendje Zaza was dood. En zijn huis was gestolen. Toen hoorde hij klapwieken naast zich. Het was Dikke Dollie, de duif.

'Roekoe... roe...' zei ze. 'Je hoeft me niets te vertellen, ik heb het allemaal meegemaakt... Ik was erbij! Ik zag dat mevrouw Helderder hier naar binnen ging met de portier. En ze klaagde en riep dat het vol kakkerlakken zat! En toen heeft hij een nieuw slot laten maken. En zij heeft de sleutel. Blijf nou niet staan huilen, Pluk. Ga liever mee naar meneer Pen, die weet overal raad op. Jij gaat met de lift, ik vlieg naar beneden, we zien elkaar straks.' En Dollie vloog weg.

Toen Pluk beneden op straat aankwam, zag hij de wagen van de gemeentereiniging nog staan. Twee mannen waren bezig de vuilnisbakken leeg te gooien in de wagen, en toen ze hem zagen, riepen ze: 'Ha die Pluk!'

Het lag Pluk op de tong om te vragen: 'Hebben jullie soms een dooie kakkerlak ge-zien?' Maar hij zweeg. Natuurlijk letten die mannen niet op dooie kakkerlakken, en bo-vendien... wat had hij eraan? Zaza was toch dood, er was niets meer aan te doen. Pluk riep goeiendag en ging naar het winkeltje van meneer Pen.

'Ben je daar eindelijk weer eens,' zei me-neer Pen. 'Hoe gaat het? Kijk eens wat een prachtige plaat ik hier heb. Met ruimte-vaarders erop.'

'Mooi...' zei Pluk met een hoog piepend stemmetje.

'Wat is er! Je huilt! Wat is er gebeurd?'

Pluk vertelde wat er aan de hand was en

legde toen z'n hoofd op de toonbank en snikte: 'Ik was zo aan Zaza gehe-he-he-hecht!'

Meneer Pen liet de plaat rusten en liep driftig heen en weer. 'Je huis ingepikt!' riep hij. 'Schandelijk! Maar we laten het er niet bij. We zullen er iets aan doen, m'n jongen, reken maar.' Er tikte iets tegen de glazen deur van het winkeltje. Het was Dollie.

Toen meneer Pen opendeed, kwam ze naar binnen vliegen. Ze had iets in haar snavel. Iets zwarts. Heel voorzichtig legde ze het op de toonbank.

'Zaza!' schreeuwde Pluk. 'Ach... arme Zaza. Dood... Maar nu kan ik hem tenminste netjes begraven.'

'Hee hee,' zei meneer Pen. 'Wacht even... is-ie dood? Ik dacht dat ik z'n pootjes zag wriemelen.'

Zaza lag op z'n rugje. En warempel, als je goed keek, zag je z'n pootjes een beetje bewegen.

Meneer Pen waaierde hem lucht toe met een blaadje papier, zette hem toen overeind en Zaza bleef staan. Een hele poos bleven ze gespannen naar hem kijken. Toen zei Zaza met een heel klein zwak stemmetje: 'Leef ik nog?'

'Wis en waarachtig,' zei meneer Pen.

'Is die rotduif wèg?' vroeg Zaza.

'Nou ja!' riep Dollie verontwaardigd. 'Horen jullie dat? En ik heb z'n leven gered. Uit de vuilniskar heb ik 'm gevist. Ik kom langs vliegen en daar zag ik 'm liggen. En nou noemt-ie me rótduif!'

'Ssst...' zei meneer Pen, 'hij meent het niet zo erg.'

'En ik heb me nog zo beheerst om 'm niet op te eten!' riep Dollie.

Pluk had Zaza in z'n hand genomen en bekeek hem teder. 'Voel je je al iets beter?' vroeg hij.

'Het gaat prima,' zei Zaza.

'Kijk nou wat je doet!' riep meneer Pen boos tegen Dollie. 'Boven op mijn dure mooie plaat van de ruimtevaarders!'

'Sorry,' zei Dollie. 'Dat komt omdat ik opgewonden ben. Maar u kunt het er weer afvegen. 't Is niet vies. 't Is maar van mij.'

'Bah!' bromde meneer Pen en probeerde de viezigheid eraf te vegen met een stukje papier. Maar de plaat was bedorven.

'Ik zet je buiten de deur,' zei meneer Pen.

'Wat een onzin,' zei Dollie. 'Als ik net iets gedaan heb, hoef ik toch niet meteen wéér?'

'Beheers je dan. En laten we nu eens gaan praten over Pluk z'n huis. In elk geval kun je hier blijven logeren, Pluk. Ik zet wel een kampeerbed voor je neer in het magazijn. En Zaza krijgt een leeg doosje om in te slapen.

'Eerst wil ik een appelschilletje,' zei Zaza.

En dat kreeg hij.

De koning was bang voor k...

MET TEKENINGEN VAN MARTIJN VAN DER LINDEN

Er was eens een koning met goede manieren.
Hij hield veel van dieren, van allerlei dieren.
Hij hield veel van hondjes en roets-hagedisjes,
en tijgers en eekhoorns en kikkervisjes,
hij hield ook van vliegen en vuursalamanders
en nu en dan ook nog wel eens van iets anders,
hij hield heel erg veel van zijn ezeltje Langoor
maar één dier bestond er, daar was hij zo bang voor!
Voor k... voor k... 'k durf het woord niet te zeggen,
maar 'k wil wel proberen het uit te leggen:
het spint, het eet vis en je kunt het ook aaien,
't heeft vier zachte voetjes. Nou, kun je het raaien?

Zijn hele paleis zat vol geiten en spinnen,
maar k... die mochten volstrekt niet naar binnen.
Wel mieren en beren en muggen en apen
en kleine konijntjes en kreeften en schapen,
en motten en bevers en kevers en spreeuwen
en heel veel kanariepietjes en leeuwen,
maar op alle hekken en deuren en latten
daar stond het geschreven: Verboden voor k...

Wel, eens op een dag ging de koning proberen
om weer eens van voren af aan te regeren,
want kijk, als zo'n land weer een poosje geregeerd was,
dan zag je zo duidelijk, dat het verkeerd was.
Daar zat hij dus weer en hij zat niet alleen,
de hele ministerraad zat om hem heen,
de koningin was er alleen om te kijken
en rimpeltjes uit zijn gewaden te strijken.
En toen zei er iemand: O help, wat is dat?
De koning keek op. In de zaal stond een k...

De Raad zat te rillen,
de koning ging gillen,
de koningin... nou...
viel onmiddellijk flauw,
en alle lakeien
die stonden te schreien,
het was een tumult,
men schrok zich een bult,
het was een geroes
alleen voor die p...
die daar heel onschuldig en zoet zat te spinnen.
Daar kwam de gravin van Bobbeljak binnen.
Zij maakte een sierlijke buiging, en zei:
O sire, verschoning, die k... is van mij.

Toen werd de gravin uit het land verbannen
met de k... en met al haar potten en pannen.
Zij verdween in haar koets met het grafelijk wapen.
Maar de koning, die kon in geen drie weken slapen.

Klompen

MET TEKENINGEN VAN PHILIP HOPMAN

Er stonden een heleboel brommers voor de petatkraam, omdat het zaterdag was. Jan zette z'n kleine fietsje netjes tussen de brommers, ging naar binnen en zei: "'n IJsje.'

Achter de toonbank stond Kees frieten te bakken in z'n witte jas.

'Met die kou?' zei hij. ''t IJs valt nog uit de hemel, jongen. Maar je kan het krijgen.'

In de hoek van de tent zaten de mannen van de brommers en tussen hen in zat een vreemde meneer te wijzen. Hij hield z'n wijsvingers een eindje van elkaar, net of hij aanwees hóé groot de vis was die hij had gevangen.

Dat was dan maar een heel klein visje, dacht Jan, zo groot als m'n schoen.

De brommermannen keken naar de wijzende meneer. En ze schudden allemaal het hoofd. ''t Is een Amerikaan die daar zit,' zei Kees. 'Een toerist.'

Een toerist! Jan had wel eens toeristen op de tv gezien maar nooit echt. Ze kwamen hier niet, want het was hier een dorp waar niks te zien was. Alleen maar tomatenkassen en nieuwbouw. Was dit nou een toerist? Hij zag er zo gewoon uit, met een trui en een broek, net als iedereen.

'Hij wil klompen kopen,' zei Kees. 'Hij wijst aan hoe groot ze moeten wezen. Kinderklompjes voor z'n dochtertje. Speciaal uit Rotterdam is ie gekomen om klompen te kopen. Ik heb al gezegd: Je moet in de stad zijn, in een souvenirwinkel. Maar hij zegt nee, hij wil échte klompen, zoals ze écht gedragen worden. Weet jij soms een winkel waar ze klompen verkopen, Jan?'

Jan dacht na, terwijl hij aan z'n ijsje likte. Roze ijs in een horentje.

''t Is moeilijk,' zei Kees. 'We weten het hier geen van allen. Want wie draagt er nou klompen? Die Amerikanen denken dat we hier allemaal op klompen lopen. Me neus!'

'M'n moeder weet wel een klompenwinkel,' zei Jan.

'Horen jullie dat!' riep Kees hard door de zaak. 'Deze jongen kan wel aan klompen komen, zegt ie!'

Iedereen keek naar Jan met een soort eerbied. Had hij maar niks gezegd. Nog geen halve minuut later stond hij buiten met een bankbiljet dat de glimlachende Amerikaan hem in de hand had gedrukt. Plus een klein endje touw: de maat voor de klompjes. En terwijl hij naar huis reed – hij woonde vlakbij – bedacht hij dat z'n moeder niet thuis was. Ze zou pas vanavond na het eten terugkomen.

Misschien dat z'n vader kon helpen.

In de woonkamer zat zijn grote broer Fred met vader te schaken, want het was zaterdag.

'Pap, weet jij een klompenwinkel?' vroeg Jan.

'Wat moet jij met klompen?' vroeg z'n vader.

'Er is een Amerikaan in de frietenzaak. Hij is helemaal hierheen gekomen om klompen te kopen voor z'n dochtertje. Hij wacht op me en ik moet ze kopen.'

Vader schoof z'n stoel achteruit. *'Wat een onzin!'* riep hij kwaad. 'Die buitenlanders denken nog altijd dat wij hier op klompen lopen. Waar zit die vent? In de petatkraam? Zeg 'm dan dat wij een modern land zijn. Met net zulke grote fabrieken als in Amerika. En de grootste haven van de hele wereld, jazeker, Rotterdam! Zeg tegen 'm dat wij geen boeren op klompen zijn, maar een land dat trots is op z'n *waterwerken!* Duizend jaar hebben we de zee moeten tegenhouden en dat hebben we gedaan, met onze dijken en dammen en bruggen.'

Vader sloeg boos met z'n vuist op tafel en Jan deinsde verbluft achteruit. Moest hij dat allemaal aan die vreemde meneer vertellen, die geen Hollands verstond? Maar nu begon Fred ook te schreeuwen.

'Nee, we lopen niet op klompen!' riep Fred. 'We rijden in drie miljoen auto's. Die de wegen verstoppen. Zeg 'm maar hoe trots we zijn op ons land waar de vissen dood in de rivier drijven, waar de vogels stikken in de olie, waar de fabrieken zo stinken dat we geen adem kunnen halen. En waar de plassen vervuild zijn!'

'Dat heeft er niks mee te maken!' riep vader. 'Jouw lange haren zijn vuiler dan de plassen. Ga liever naar de kapper!'

Fred schreeuwde terug. En Jan draaide zich om en liep de deur uit.

Hij had enkel maar gevraagd waar je klompen kon kopen! Maar zo ging het altijd. Altijd gehakketak tussen vader en Fred.

Hij wou terug naar de petatkraam om te zeggen dat hij geen winkel wist. Maar het woord 'plassen' was in z'n hoofd blijven steken en opeens dacht hij: Hennie heeft klompen. Hennie zat bij hem in de klas en met Koninginnedag had ze een boerendansje gedaan met nog twee meisjes. Op het schoolplein. Op klompen. En Hennie woonde in een woonboot op de Zuiderplas. Jan was er vaak geweest en het was helemaal niet ver.

Even later reed hij over de lange dijkweg die langs hun dorp liep. Aan weerszijden van de weg waren kassen. Eindeloos veel, rijen en rijen kassen waarin de tomaten en de komkommers werden gekweekt. Hij had de wind tegen, een harde rukkerige wind. Af en toe denderde een vrachtauto vlak langs hem, maar daar was hij aan gewend. Z'n moeder jammerde altijd: 'Dat kind alleen op de fiets en hij is pas acht!' Dan zei vader: 'Kom nou, *alle* kinderen rijden door het verkeer en hij is handiger op de fiets dan jij.' Nou, *dat* was zo.

Nu moest hij linksaf, de brug over. Dit was een stil smal weggetje langs een brede vaart. Al twee keer in z'n leven was hij in deze vaart gevallen. Een keer met vissen. En een keer op de fiets. Vader had gezegd: 'Als je nou nog *een* keer in die vaart plompt, pakken we je fiets af. Kun je voortaan lopen naar school.'

Hij zag kieviten opvliegen; het was maart. En telkens plopte er iets in de vaart... visjes. Niet *álle* vissen zijn dood, dacht Jan, terwijl hij scheef op de zijwind helde. En de vogels leven hier nog allemaal.

Even kwam de zon door en daar lag de plas, heel wijd en heel blauw. Nog haast geen zeilbootjes zo vroeg in het jaar.

Hij vond Hennie op het dek van de woonark, bezig haar hond te wassen in een teil.

'Hallo,' zei Jan.

'Hee!' zei ze.

'Heb jij die klompen nog?'

'Die wat?'

'Die klompen. Je had toch klompen op Koninginnedag?'

'O ja,' zei Hennie. En ze ging door met wassen. De hond vond het niet fijn.

'Ik wil ze kopen,' zei Jan. 'Ik heb geld.'

Hennie liet de hond los en het dier sprong weg en schudde zich.

'Dat mag ik niet,' zei ze. 'Ik mag geen geld aannemen.'

'Vraag het even aan je moeder,' zei Jan.

'Ze zijn niet thuis. Ze zijn naar me oma.'

En toen zei ze ineens: 'Ruilen mag wel.'

'Ruilen voor wat?'

Ze wees op z'n schoenen. Hij had blauwe ribfluwelen schoenen met rubbers. Jan weifelde. Hij zou zijn geld houden. Kon je daarvoor weer net zulke schoenen kopen?

'Oké,' zei hij en trapte z'n schoenen uit. Ze paste ze dadelijk aan en holde op en neer over het dek.

'Haal nou die klompen,' riep Jan ongeduldig.

Hennie ging naar binnen. Het duurde verschrikkelijk lang voor ze terug was en de hond stond woedend tegen hem te blaffen met z'n vacht vol schuim.

'Ze zaten in de verkleedkist,' hijgde Hennie, toen ze eindelijk met de klompen aankwam. 'Denk je dat je ermee kunt fietsen?'

Jan moest eerst meten aan het touwtje of de maat goed was. Ze waren een tikje te groot voor het Amerikaanse dochtertje, maar goed... beter dan te klein. En hij kon ze heel goed aan. Maar wat een ongemakkelijke harde dingen.

'Bedankt,' zei hij. 'Daag!'

Het weer was nu slechter. De wind woei bozer en uit de jagende grijze wolken begon regen te vallen.

De klompen pasten niet op de trappers van z'n fiets. Ze gleden er telkens af. Jan reed weer op de smalle weg langs de vaart, met de wind opzij.

En juist toen hij de drukke rijweg op wou draaien, vlak voor de brug... toen gebeurde het.

Hij verloor een klomp en terwijl hij hem met zijn voet probeerde te vangen zwenkte z'n fietsje naar rechts. Een woedende wind-

vlaag zwiepte hem met fiets en al de vaart in.

Het was maar heel even dat Jan kopjeonder ging; hij had dadelijk weer z'n hoofd boven water, snakkend en spugend en met z'n armen maaiend door het kroos. Maar zwemmen hoefde niet, zo ondiep was het aan de kant en toen hij op de berm was gekrabbeld kon hij de fiets aan het stuur aan de wal sjorren.

Op de weg lag een klomp. En de andere dreef dobberend in het midden van de vaart als een klein triomfantelijk bootje. 'Ik ga dat rotding *niet* halen,' zei Jan hardop en nijdig. 'Hij kan stikken, die Amerikaan. M'n schoenen ben ik ook al kwijt en nou wordt m'n fiets afgepakt!'

Hij snikte en proefde vies, modderig water.

Maar op het moment dat hij zichzelf hoorde huilen, stapte hij de vaart weer in, wankelde even op de glibberige bodem en zwom drie slagen. Met de klomp stond hij even later op de weg. Hijgend boog hij zijn stuur recht, stak de klompen in zijn fietstas en reed verder op zijn sokken. Nu pas voelde hij de ijskoude wind door zijn natte nylon jak.

Hij sloeg de hoek om, de drukke dijkweg op, waar de auto's en brommers driftig langs hem heen joegen. Niemand zag hoe nat hij was want niemand lette op 'm. *Een* ding was heerlijk: Wind mee. Storm in de rug.

Het was nu bijna donker en toen hij in de petatkraam kwam stond daar alleen nog maar Kees. Verder was iedereen weg.

'Nou breekt me klomp!' zei Kees. 'Hij is *net* vertrokken.'

'Waar is ie naartoe?' vroeg Jan. 'Ik heb de klompen.'

'Weet ik veel waar ie naartoe is. Naar Rotterdam. 't Is zes uur, iedereen is gaan eten.'

Toen ontdekte Kees hoe het jongetje eruitzag. 'Je bent groen!' riep hij. 'Kom 's hier... heb je in de plomp gelegen...' Maar Jan rukte zich los en liep de kraam uit met z'n hoofd gebogen en diep geschokt.

Hij wou enkel nog maar naar zijn moeder.

Toen hij de huisdeur zachtjes opendeed, wist hij het weer: Ze is er niet... Eigenlijk maar beter ook. Ze had vast gejammerd: 'Wat is er gebeurd! *Waar* zijn je schoenen! *Dadelijk* naar bed! *Morgen* heb je longontsteking!'

Nu kon hij stiekem naar boven sluipen, onder de douche gaan, z'n kleren wassen. Maar toen hij op z'n tenen naar de trap liep hoorde hij vader en Fred praten in de woonkamer. En plotseling bleef hij heel stil staan. Ze spraken in 't Engels!

Hij deed de deur van de kamer heel zacht open, op een kier.

Onder de schemerlamp, in de leren stoel, zat de Amerikaan.

Fred praatte tegen hem, half in het Engels, half in het Hollands. Hij had het over luchtvervuiling. 'No no!' riep vader, 'de *waterwerken!*'

De Amerikaan zat beleefd te luisteren. Toen zag hij Jan in de deuropening. Hij stond op en zei: 'Hallo.'

'Wel allemachtig, daar is ie!' riep Fred.

'Waar was jij?' vroeg vader. 'We waren ongerust! Fred is je gaan zoeken!' Jan hield de twee klompjes voor zich uit en de Amerikaan nam ze voorzichtig aan. Een tikkeltje vochtig waren ze, met sliertjes groen, maar die kon je er afvegen.

'Die jongen is klets!' riep vader. 'Regent het nou zo hard of... Zeg hoor 's, je wil toch niet zeggen dat je *alweer* in de vaart hebt gelegen?'

'Ik was je gaan zoeken,' zei Fred. 'En toen ik bij de frietenzaak was, kwam deze meneer er net uit, en hij vroeg de weg naar de bus. "Jij had 'm in de steek gelaten," zei hij. Maar *ik* zei: "Sir, als mijn kleine broertje belooft dat ie klompen gaat halen, dan *gaat* ie ze halen."'

Vader lachte. Gelukkig... hij was niet kwaad. En hij zei niks over fiets afnemen. Hij zei enkel: 'Ga gauw onder de warme douche, dan maak ik een kop hete chocola voor je.'

De Amerikaan bekeek de klompen teder.

'Echte klompen...' zei hij. Hij zei het in het Engels, maar Jan begreep het wel.

'Echte klompen, zoals ze hier overal in Holland écht gedragen worden,' zei de Amerikaan.

Als al mijn kinders groot zijn

Als al mijn kinders groot zijn, wat moeten ze dan worden?
Marietje wordt een danseres en Flip wordt vliegenier,
Katrientje wordt een koningin en eet van gouden borden,
en Koentje krijgt een winkel en die wordt dus winkelier,
en Barend wordt een bedelaar die klopt aan alle deuren,
en Bambo wordt het opperhoofd van Biri-Biri-Bi,
en Pieter wordt een lichtmatroos, dan kan 'm niets gebeuren,
maar ja, dan heb ik nog een kind: Baboffel, wat wordt die?
Baboffel wordt geen bedelaar, Baboffel wordt geen heer,
Baboffel is een beertje en die wordt gewoon een beer.

Als al mijn kinders groot zijn, waar zullen ze dan wonen?
Marietje woont dan in Parijs en Flip woont op Schiphol,
Katrientje in Zuid-Afrika, met al haar zeven zonen,
en Koentje woont in Groenland en verkoopt daar groene wol,
en Barend, die woont overal waar huizen zijn met deuren,
en Bambo woont, dat spreekt vanzelf, in Biri-Biri-Bi,
en Pieter zit dan op een schip; zo zal het wel gebeuren.
Maar ja, dan heb ik nóg een kind, Baboffel, waar woont die?
Baboffel woont niet in Parijs en ook niet in Maassluis,
Baboffel is een beertje en hij woont gezellig thuis.

Als al mijn kinders groot zijn, dan maak ik verre reizen,
dan ben ik maandags in Parijs en dinsdags op Schiphol,
en woensdags in Zuid-Afrika, daar heb ik twee paleizen,
en donderdags in Groenland in de winkel met de wol,
en vrijdags ben ik overal waar huizen zijn met deuren,
en zaterdags, dat spreekt vanzelf, in Biri-Biri-Bi,
en zondags ben ik op een schip; zo zal het wel gebeuren,
mar als ik 's avonds thuiskom, weet je wie ik dan weer zie?
Baboffel zit te wachten met een strikje in zijn haar,
en zegt: Doe nou je jas maar uit, het eten is al klaar.

Kaatje Poelepetaatje

MET EEN TEKENING VAN SYLVIA WEVE

Kaatje Kaatje,
Poelepetaatje,
waarom ben je zo alleen?
Heb je dan geen kameraadje?
Waar zijn al je vriendjes heen?

De poes is zich aan 't wassen,
die kan niet op mij passen.
De hond is zich aan 't krabbelen,
die kan niet met mij babbelen.
De haan zit in de kippenren
en is vergeten wie ik ben.
De geit zit aan z'n touwtje vast.
De muis zit in de keukenkast.
De kleine vogel wiet wiet wiet
is boos op mij en hoort mij niet.

Kaatje Kaatje
Poelepetaatje,
kom, dan speel ik wel met jou.
Gaan we samen in het straatje
touwtje springen met een touw.

Toen ging Kaatje
Poelepetaatje
touwtje springen
met mamaatje.

121

De markiezin van Toerlatoer

MET EEN TEKENING VAN GERDA DENDOOVEN

De markiezin van Toerlatoer
woont in een groot kasteel.
Daar was de vloer van parelmoer
met gouden matten op de vloer,
en kussens van fluweel.

Daar was een echte kamerheer,
er waren er zelfs twee,
voor mooi en ook voor lelijk weer,
maar ach, die zijn er nu niet meer,
geen kamerheren, nee!

Want nu opeens, o lieve tijd,
de markiezin is alles kwijt,
haar geld en ook haar keukenmeid,
geen matten meer, geen kussens meer
en zelfs geen ene kamerheer.
Is dat niet droevig, zeg?
't Is weg, 't is weg, 't is weg!

In dat kasteel van Toerlatoer,
wie poetst daar dan de bel?
Wie veegt daar elke dag de vloer,
wie boent de trap van politoer
en het petroleumstel?

Dat doet de bever met zijn staart,
hij poetst en boent en schuurt,
en dat is altijd heel wat waard,
hij doet het met een reuzenvaart
zodat het nooit lang duurt.

Wie wiegt het kindje heen en weer,
het kindje Toerlatoer?
Wie wiegt het kindje heen en weer?
Dat doet de grote bruine beer
tezamen met zijn broer.

En wat doet dan de markiezin?
Zij danst met de markies.
Dat deed ze ook in het begin
en – heeft ze 't altijd naar haar zin?
Dat weet ik niet precies.

Maar niemand treurt of heeft verdriet.
Dat is 't voornaamste van dit lied.

Het varkentje

MET EEN TEKENING VAN MARTIJN VAN DER LINDEN

De chef van 't kantoor zei: Merkwaardig is dat,
we hebben al zoveel typistes gehad.
De eerste was slordig en erg onnauwkeurig.
De tweede was lui en de derde humeurig.
Dit varken is vlijtig en altijd beleefd
en men kan zo zien dat het plichtsgevoel heeft.
Ja ja, zei de chef. En hij dacht: als het zó ging,
kreeg het varkentje spoedig salarisverhoging.

Om kwart over vijf, na het sluitingsuur dus,
ging 't varkentje altijd naar huis, met de bus.
Thuis fluisterde hij in z'n moeder d'r oor:
Zeg, morgen dan ga ik weer fijn naar kantoor.

Er was een klein varkentje, ergens in Soest,
die vond dat hij toch iets betekenen moest.
De andere varkentjes sliepen en knorden
en aten om dikker en dikker te worden,
maar dit kleine varkentje wou dat niet, hoor.
Nee, dit kleine varkentje ging naar kantoor.

Hij zat daar van negen tot kwart over vijven
facturen te tikken en brieven te schrijven
en post op te bergen en post te sorteren
en kon ook bijzonder goed telefoneren:
Jazeker mevrouw, 't komt in orde, hallo...
u spreekt met het varken van Bartels & Co.

124

Floddertje · Allemaal kaal

MET TEKENINGEN VAN FIEP WESTENDORP

'En nu ga je naar de kapper,' zei moeder. 'Je haar lijkt wel een vogelnest. Zeg tegen de kapper dat hij het zo kort mogelijk knipt.'

'En mag ik dan onderweg een ijsje kopen?' vroeg Floddertje.

'Nee,' zei moeder. 'Je hebt er al twee gehad.'

'Maar ik heb het zo warm,' jammerde Floddertje.

'Als dat haar eraf is, krijg je het vanzelf weer koeler,' zei moeder.

'Tjonge, wat een haar!' riep de kapper. 'Het lijkt wel een hooiberg. Hoeveel moet eraf?

'Zo kort mogelijk,' zei Floddertje. 'En bij Smeerkees ook zo kort mogelijk.'

'Zo kort mogelijk?' vroeg de kapper. 'Dat betekent helemaal kaal.'

'Hè ja,' zei Floddertje. 'Dat is leuk.'

Een halfuur later stond Floddertje op straat met haar hond.

Ze waren alle twee volkomen kaalgeschoren en dat was lekker koel.

Er stonden kinderen op straat die begonnen te lachen toen ze de kale Floddertje zagen met haar kale hond. Floddertje lachte zelf nog harder en riep: 'Het is heerlijk koel!'

'Dan gaan wij ook naar de kapper,' zeiden de andere kinderen. De kapper kreeg het druk.

Na een uurtje stonden er tien kale kindertjes en een kaal hondje op straat.

'Ik weet wat!' zei Floddertje. Ze nam een tekenstift en tekende op ieder kaal hoofd een letter.

Eén jongetje kreeg een letter N.

En één meisje een letter W.

En zo kregen ze allemaal een letter. Floddertje zelf ook, terwijl Smeerkees werd versierd met een groot uitroepteken. Eerst kon niemand zien wat het betekende, want alle kinderen liepen door elkaar. Maar toen gingen ze netjes op een rij staan.

En je zag dit: WEI IJSEN EIS!

En op het hoofd van Marietje zette ze een lange ij.

Toen moesten er een paar omwisselen in de rij en nu zag je dit:

WIJ EISEN IJS!

'Zo is het goed,' zei juf tevreden en ze liep door.

Maar de arme Jantje had nu geen letter meer op z'n hoofd. Hij hoorde er niet meer bij en ging staan huilen op de stoep. En omdat hij huilde, kreeg hij dadelijk een ijsje van een aardige meneer.

De anderen gingen naar Floddertjes huis.

Toen moeder de deur opendeed, zag ze negen kale kindertjes en een kaal hondje op de stoep.

'Help!' riep ze. 'Wat is er met je haar gebeurd? Floddertje!'

'Het moest toch zo kort mogelijk?' zei Floddertje. 'En kijk eens van achteren.' Alle kinderen draaiden zich om en nu zag moeder wat er op hun hoofdjes stond.

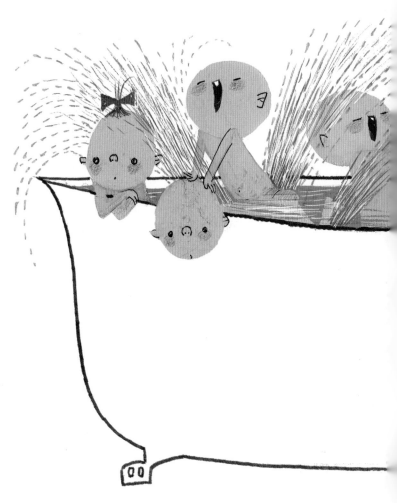

'O nee,' riep moeder. 'Wie eist krijgt niets. Zo is dat. Ik stop jullie allemaal in bad.'

Negen kindertjes in het bad en een hondje!

Dat was me een herrie. En een gespetter. Maar toen ze allemaal schoon waren, kwam vader thuis. En ze kregen toch allemaal een ijsje.

Het lucifersdoosje

MET TEKENINGEN VAN PHILIP HOPMAN

'Gijsbert, m'n zoon,' zei de oude vader. 'Ik zal niet lang meer leven. Je weet dat ik arm ben en dat ons huis verkocht moet worden, om mijn schulden te betalen. Hier heb je honderd gulden, dat is alles wat ik bezit. En nog een lucifersdoosje. Over de begrafenis hoef je niet in te zitten, want die is betaald. En nu denk ik dat ik de laatste adem ga uitblazen.'

'O nee vader, doe dat alsjeblieft niet,' smeekte Gijsbert.

'Ik doe het toch,' zei de vader en hij blies zijn laatste adem uit.

Daar stond de jongen, helemaal alleen. Het werd een keurige begrafenis, dat wel,

want ze waren verzekerd, maar Gijsbert huilde op het kerkhof en ging toen naar het duurste hotel van de stad, waar hij at en sliep en ontbeet en toen waren de honderd gulden op.

Mismoedig liep hij het park in en ging op een bankje zitten naast een verpleegster.

'Hebt u misschien een vuurtje voor me?' vroeg zij.

'Natuurlijk zuster,' zei Gijsbert en haalde zijn doosje lucifers tevoorschijn. Er zat er nog net eentje in. Hij gaf haar vuur voor haar sigaret en wou het lege doosje weggooien.

'Pas op, doe dat niet,' zei de verpleegster.

'Dat is niet zomaar een doosje.'

'O nee?' vroeg Gijsbert.

'Nee,' zei ze, 'dat is een heel gek doosje. Je kunt er alles in doen.'

'Wat dan bijvoorbeeld?' vroeg Gijsbert.

'Die hond bijvoorbeeld,' zei de verpleegster. Ze pakte het doosje, schoof het open en zei: 'D'r in!'

Gijsbert zag dat de grote hond gehoorzaam in het doosje ging. Ze schoof het dicht en rammelde ermee. 'Hij zit erin,' zei ze. 'Als we hem eruit willen hebben, zeggen we gewoon "Pssst".' Ze deed het doosje weer open, zei: 'Pssst,' en daar stond de hond weer op het gazon, kwispelstaartte en liep verder.

'Geldt dat voor alles?' vroeg Gijsbert.

'Voor alles,' zei de verpleegster. 'Probeer het zelf maar eens met die kinderwagen.'

Gijsbert deed het doosje open en zei: 'D'r in.' Daar ging de kinderwagen met baby en al naar binnen. 'D'r uit,' zei hij, maar er gebeurde niets. 'Nee nee,' zei de verpleegster haastig, 'je moet niet zeggen: "D'r uit". Je moet zeggen: "Pssst".'

Gijsbert deed het en de kinderwagen stond weer netjes op het pad. Het kind was niet eens wakker geworden.

'Je kunt er veel gemak van hebben,' zei de verpleegster. 'Wat heb je 't allereerste nodig?'

'Een huisje,' zei Gijsbert. 'Zou een heel huisje erin kunnen?'

'Waarachtig wel,' zei ze. 'Daar bij de ingang van het park staan drie mooie huizen. Welk wil je hebben?'

'Dat witte,' zei Gijsbert.

'Kom maar, dan gaan we het halen,' zei ze.

'Maar de mensen die erin wonen, wil ik er niet bij hebben,' zei Gijsbert.

'Er woont niemand in,' zei ze. 'Het is een kantoor. En omdat het nog voor negenen is, zijn de kantoorbedienden er niet.'

Gijsbert schoof het doosje open. 'D'r in,' zei hij en daar ging het hele gebouw.

'Breng het nu maar naar een leuk plekje,' zei de verpleegster.

'Niet te dicht in de buurt, want dan valt het zo op. En nu moet ik weg. O ja, dat vergat ik je nog te zeggen: nooit meer dan één ding in je doosje! Als er iets in zit, moet je het er altijd eerst uit laten voor je er weer iets anders in laat gaan.' Ze knikte hem vriendelijk toe en verdween achter een jasmijnstruik.

'Laat mij u even bedanken,' riep Gijsbert en liep om de struik heen. Maar ze was nergens meer te zien.

Op de plaats waar het witte gebouw had gestaan, was nu een kale put. Juist kwamen alle kantoorbedienden aan op brommers en in auto's, want het was nu vijf voor negen en ze moesten aan het werk. 'Het kantoor is weg!' riepen ze. 'Wat een zegen!' En ze begonnen allemaal te toeteren van geluk.

Heb ik me daar een goed werk gedaan... dacht Gijsbert en hij wandelde tevreden de stad uit. Aan de oever van een rivier vond hij een prachtig stukje grond met gras en bomen en daar deed hij zijn doosje open. 'Pssst,' zei hij en het huis stond zo stevig en zo vriendelijk verborgen tussen het geboomte, dat Gijsbert zich er dadelijk thuis voelde.

'Er zijn wel erg veel schrijfmachines,' zei hij, 'maar ze hinderen me niet. Een bed zou ik wel graag willen hebben.'

Hij ging naar een beddenmagazijn, waar wel honderd bedden op een rij stonden en toen de verkoopster eventjes niet keek, deed hij zijn doosje open en zei: 'D'r in.' Een mooi breed bed ging erin, met lakens en dekens en alles.

'Hebt u al een keus gemaakt?' vroeg de verkoopster, zich tot Gijsbert wendend.

'Ik kom nog wel eens terug met mijn vrouw,' zei Gijsbert en ging met zijn doosje naar huis. Nu kon hij beginnen met wonen en hij kreeg een heerlijk leventje. Eten haalde hij van de markt, af en toe bracht hij een kip mee en de vissen uit de rivier gingen gedwee in zijn doosje. Het enige vervelende was dat hij zo vaak heen en weer moest, want er mocht maar één ding tegelijk in zijn doosje. Maar het hield hem lenig en daar was ook iets voor te zeggen.

Op een dag had Gijsbert keelpijn en hij besloot bij de drogist een zakje drop te halen. Toen hij de winkel binnenkwam, zag hij een allerliefst meisje achter de toonbank staan. Ze was zo lief dat hij zijn keelpijn vergat.

'Wat had u gehad willen hebben?' vroeg het meisje.

'Jou,' zei Gijsbert. 'Wil je met me trouwen? Hoe heet je?'

'Ik heet Liesje,' zei ze. 'En ik wil helemaal niet met je trouwen. Ga weg, of ik roep mijn vader de drogist. Hij is heel groot en af-schuwelijk sterk. Hij heeft haar op zijn borst.'

Gijsbert deed zijn doosje open en zei: 'D'r in.'

Daar ging Liesje naar binnen en hij nam haar mee naar zijn huis, opende het doosje en zei: 'Pssst.'

Ze kwam er woedend uit en riep: 'Laat me gaan of ik roep de politie.'

'Kom nou, wat onaardig van je,' zei Gijs-bert. 'Kijk eens wat een mooi uitzicht we hier hebben. En er zijn zeven schrijfmachines in dit huis.'

'Dat verandert de zaak,' zei Liesje. 'Ik ben dol op schrijfmachines. Mag ik op allemaal tikken?'

'Net zoveel als je wilt,' zei Gijsbert. 'Wanneer je tenminste klaar bent met het huis-houden,' voegde hij er haastig aan toe.

Liesje veegde de vloer en poetste zijn schoenen en ging toen zitten tikken.

'Wat zal ik meebrengen uit de stad?' vroeg Gijsbert.

'Een fles melk,' zei Liesje en tikte door.

In de melkwinkel deed hij zoals altijd. Hij wachtte tot de melkboer niet keek, schoof het doosje open, zei: 'D'r in,' en de melkfles zat erin. Maar de melkboer, die allang iets in de gaten had omdat hij zo vaak flessen melk miste, had het toch gezien. 'Zet dadelijk die fles melk terug,' zei hij.

'Ik heb geen fles melk,' zei Gijsbert en klopte op zijn lege zakken. 'Waar zou ik die fles moeten hebben?'

'In je lucifersdoosje,' zei de melkboer. 'Terug die fles of ik bel de politie.'

Gijsbert begreep dat er niets aan te doen was. Hij opende zijn doosje, zei: 'Pssst' en de melk stond op de toonbank.

'Zo,' zei de melkboer, 'en vertel me nou maar eens hoe dat doosje van je werkt.' Maar Gijsbert draaide zich om en holde de winkel uit. Wat een afschuwelijke pech, dacht hij. Nu weet de melkboer mijn geheim. En waar moet ik nu voortaan mijn melk halen? Hij ging zorgelijk op weg naar huis en kwam langs een wei waar een mooie bruine koe hem kauwend aankeek.

'Een hele koe, dat is de oplossing,' zei Gijsbert en liet het beest in zijn doosje. Nauwe-

lijks zat de koe erin, of er stopte een politieauto naast hem en een agent zei bars: 'Mee naar het bureau!'

'Wat heb ik dan gedaan?' stamelde Gijsbert.

'Je hebt geprobeerd een fles melk te stelen,' zei de agent. 'We weten er alles van.'

De arme Gijsbert moest mee naar het bureau, waar de commissaris achter een tafel zat met wel zes politiemannen erbij. Streng keek de commissaris hem aan en zei: 'U hebt gepoogd een fles melk te ontvreemden bij het zuivelbedrijf, is dat juist?'

'Jawel,' fluisterde Gijsbert.

'Mij is tevens ter ore gekomen, dat u genoemde fles in een leeg lucifersdoosje vermocht te bergen, hoe hebt u dat bewerkstelligd?' vroeg de commissaris.

'Zo,' antwoordde Gijsbert. Hij nam zijn doosje, schoof het open en zei: 'Pssst.' Daar stond de koe in het politiebureau. Een enorm beest was het en ze schopte achteruit en stak wild met de horens links en rechts en de commissaris werd met stoel en al achterovergeworpen en de agenten kregen trappen en raakten in paniek. Gijsbert maakte gebruik

van de verwarring, klom door het raam naar buiten en holde weg.

'Als ze me nu maar niet achternakomen,' hijgde hij en om niet op te vallen ging hij tussen een heleboel wachtende mensen staan, op de vluchtheuvel van de tram.

Hij merkte niet op dat de melkboer toevallig vlak naast hem stond. Maar de melkboer had hem wel gezien en toen de mensen gingen dringen om in de tram te komen, haalde de melkboer handig het doosje uit Gijsberts zak en stopte er een gewoon leeg lucifersdoosje in. Toen liep hij weg, terwijl Gijsbert in de tram stapte en niets had gemerkt.

'Bij de volgende halte ga ik eruit,' zei Gijsbert. 'Dan ben ik bij de supermarkt, daar hebben ze blikjes melk.'

Er stond een hele toren van melkblikken in de supermarkt, maar toen Gijsbert zijn doosje opendeed en zei: 'D'r in,' gebeurde er niets. Het blikje wou er niet in. Hij werd zenuwachtig en probeerde het met een blik soep, met een komkommer, met een juffrouw en met een hele wasmachine, maar het lukte niet meer. Hij ging de straat op en liep radeloos rond en probeerde voortdurend iets in zijn doosje te krijgen, maar er wou nog geen vlieg in.

Intussen was de melkboer ineens van wal gestoken. De man wilde direct een grote slag slaan en dezelfde dag nog schatrijk worden. Hij ging regelrecht naar het gebouw van de Nationale Bank. Daar, in een zijvertrek, stonden achter ijzeren tralies grote zakken vol goudstukken. De melkboer wist dat zo goed, omdat zijn zwager er werkte. Hij ging voor de tralies staan, keek naar een van de zakken, deed het doosje open en zei: 'D'r in!' Dwars door de tralies heen kwam de zak naar hem toe en verdween in het lucifersdoosje.

'Mooi zo,' zei de melkboer tevreden en liep fluitend naar huis. Boven de melkwinkel had hij een rustige kamer, waar hij z'n doosje opende. 'D'r uit!' zei hij. Maar er kwam helemaal niets uit. Wanneer de domme melkboer beter had opgelet, zou hij indertijd gehoord hebben dat Gijsbert iets anders had gezegd, toen met de melkfles. Maar de melkboer had niet goed opgelet en bleef koppig roepen: 'D'r uit!'

Toen het maar niet wilde lukken, rammelde hij kwaad met het doosje en riep: 'Kom d'r uit, voor den donder! Zal je d'r uitkomen, of ik bega een ongeluk!' Maar het hielp allemaal niets. 'Toe lieveling, ik smeek je, kom eruit,' klaagde de melkboer met tranen in zijn ogen. Maar de zak kwam niet tevoorschijn.

Gijsbert, die radeloos door de stad zwierf, kwam op dat moment langs de melkwinkel en bleef staan luisteren. Hij hoorde roepen: 'D'r uit, zak!' En even later: 'Kom je d'r uit, rotzak!'

'Wat een lelijke woorden zegt die melkboer,' mompelde Gijsbert. 'Het is toch echt geen aardige man.' En hij wou al verdergaan, maar er ging ineens een klein schokje door hem heen en hij bleef stokstijf staan.

Is het mogelijk dat mijn doosje... dacht hij, maar op dat moment hoorde hij de melkboer schreeuwen: 'Daar dan, doos van niks!' En het lucifersdoosje vloog met een sierlijke boog het raam uit en kwam voor Gijsberts voeten terecht.

'Bedankt,' zei Gijsbert, raapte het op en gooide het valse doosje in de goot. Hij kwam dolgelukkig thuis en zei tegen Liesje, die in de gang op hem stond te wachten: 'Melk heb ik nog niet, maar een avonturen dat ik beleefd heb!'

'Je zult er nog meer beleven,' zei ze. 'Mijn vader zit in de kamer.'

'Je vader?' vroeg Gijsbert. 'O ja, je vader, de drogist. Wat wil hij?'

'Hij wil je doodslaan,' zei Liesje. 'Hij is razend, omdat je mij hebt ontvoerd. Hij heeft een grote fles hoestdrank meegebracht.'

'Maar ik hoest niet,' zei Gijsbert.

'Het was de grootste fles die hij in zijn winkel had,' zei Liesje, 'en het leek hem zo'n mooie fles om er iemand de hersens mee in te slaan.'

'Heremijntijd, het is toch niet waar?' riep Gijsbert. 'Dan ga ik liever nog wat wandelen.' Maar nog voor hij zich kon omdraaien, ging de kamerdeur open en de drogist kwam op hem af met een grote groene fles. Hij greep Gijsbert in z'n kraag en zei vuurrood van drift: 'En nou ga je d'r an, broer!'

'Genade, lieve meneer de drogist,' smeekte Gijsbert en probeerde zich los te wringen. De drogist hief de fles en wilde die met kracht op Gijsberts schedel laten neerkomen. Gijsbert had nog net tijd om z'n doosje uit z'n zak te pakken en het met een hand te openen. 'D'r in,' zei hij.

Onmiddellijk verdween de drogist in het doosje. Maar o wee, er zat al iets in. Dat was de zak met goudstukken. En twee dingen tegelijk... dat mocht helemaal niet. Het doosje begon te springen en te draaien in Gijsberts hand. Hij liet het los en daar lag het op de grond te schudden. Er was een enorm lawaai in het doosje alsof er twee leeuwen in vochten, toen begon het hout te kraken en het dekseltje boog. Gijsbert keek er verschrikt naar en krák... daar lag het in kleine houten spaandertjes.

En daar zat de drogist met blauwe builen op zijn hoofd en naast hem stond een grote zak.

'Wat... wat is er met me gebeurd...' kreunde de drogist. 'Ik heb het gevoel of ik door een betonmolen gedraaid ben. Au... mijn hoofd.'

Gijsbert deed de zak open en zag al die goudstukken. 'Die hele zak is voor u,' zei hij tegen de drogist, 'als ik met uw dochter mag trouwen.'

Ogenblikkelijk vergat de drogist zijn builen. 'Kom je er eerlijk aan?' vroeg hij.

'Heel eerlijk,' zei Gijsbert. 'Ik heb het niet gestolen.'

'Wel,' zei de drogist, 'wanneer mijn dochter je hebben wil, mag het van mij ook. Wil je hem hebben, Lies?'

'Graag,' zei Lies. 'Ik hou van hem.'

'Ook al is mijn doosje kapot?' vroeg Gijsbert.

'Natuurlijk,' zei ze. 'Je kunt toch immers gaan werken, luiwammes!'

Ze gingen met hun drietjes in de stad eten. De drogist betaalde alles en de volgende dag nam Gijsbert een betrekking aan. Als conducteur van de tram, dat had hij altijd een machtig beroep gevonden. En Liesje verdiende er nog wat bij met tikken.

Kroezebetje

MET TEKENINGEN VAN FIEP WESTENDORP

'Kom eens kijken naar mijn kind!' riep moeder schaap. 'Kijk eens naar mijn Kroezebetje. Hebben jullie ooit zo'n mooi wit lammetje gezien?' De andere schapen kwamen kijken. Ze stonden om Kroezebetje heen en ze zeiden helemaal *niets*.

'Nou?' riep moeder schaap. 'Zeg 's wat! Is Kroezebetje niet het mooiste lammetje van de hele wei?'

'Ze is heel aardig,' zei het oudste en deftigste schaap. 'Maar is ze niet een beetje *erg* wit? Heb je haar ergens mee gewassen soms?'

'Helemaal niet,' zei moeder schaap.

'Haar krulletjes zijn zo *eigenaardig* wit,' zei het deftige schaap. 'Is het wel echt wol?'

'Natuurlijk is het echt wol,' riep moeder schaap boos. 'En mijn Kroezebetje is het prachtigste lammetje van de wereld en daarmee uit.'

De andere schapen haalden hun schouders op en gingen verder grazen, maar moeder schaap keek bezorgd naar haar kind. Ik wil toch weten of alles in orde is, dacht ze. En ze ging met Kroezebetje naar de dokter.

'Hebt u klachten, mevrouw?' vroeg de dokter.

'Dat niet,' zei moeder schaap. 'Mijn Kroezebetje is heel gezond.'

'Waarom komt u dan?' vroeg de dokter.

'Ja ziet u,' zei moeder schaap. Ze is wel *erg* wit. Zo *eigenaardig* wit. Ik ben bang dat haar krulletjes niet van echte wol zijn.'

'Dat zullen we onderzoeken,' zei de dokter. Hij knipte een krulletje van Kroezebetje af en deed het in een envelop. 'Komt u over twee dagen terug,' zei hij. 'Dan weten we meer.'

Na twee dagen ging moeder schaap opnieuw naar de dokter. Toen ze terugkwam stonden de andere schapen op een rijtje en riepen: 'En? Wat zei de dokter? Is het echte wol?'

Moeder schaap keek een beetje verlegen en tegelijk trots.

'Nee,' zei ze.

'Dacht ik het niet?' zei het deftige schaap. 'Wat is het dan?'

'Het staat op dit kaartje,' zei moeder schaap. En ze liet een kaartje zien waarop stond:

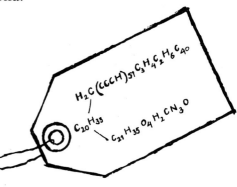

'Goeie help!' riep het deftige schaap. 'Heeft je kind dat op z'n lijfje? In plaats van wol? Wat zielig! En hoe komt dat?'

'Wel,' zei moeder schaap, 'de dokter zegt, het is een modern schaapje. En hij zegt, daarom heeft ze Moderne Vezels in plaats van wol. En hij zegt, het komt misschien door de wolvaart... ik bedoel de welvaart.'

'O,' zei het deftige schaap.

'In elk geval is dit beter,' zei moeder schaap, 'want het krimpt niet en de mot komt er niet in en...'

Maar de andere schapen luisterden al niet meer. Ze keerden moeder schaap en Kroezebetje de rug toe.

'En toch ben jij het mooiste schaapje van de wereld,' zei Kroezebetjes moeder. 'Ik zal het kaartje om je hals hangen, dan kan iedereen zien wat een bijzonder lammetje jij bent.'

Kroezebetje huppelde de wei in, maar geen enkel lammetje wou met haar spelen, omdat ze zo bijzonder was en omdat ze een kaartje om haar nek had. En daarom speelde ze helemaal op haar eentje.

Op een ochtend stopte er een grote auto bij de brug. Er kwamen drie keurige heren uit, die de wei instapten. De dikste van de drie vroeg: 'Woont hier wellicht dat hele bijzondere schaapje?'

'Jazeker meneer,' zei moeder schaap. 'Dat is mijn dochtertje Kroezebet.'

'Zou ik haar even mogen spreken, mevrouw?' vroeg de dikke heer. 'Hier is het kaartje met mijn naam.'

Moeder schaap pakte het kaartje aan. Er stond op:

DE WELEDELZEERGELEERDE HEER
DOCTOR INGENIEUR J.C.H. VAN DAM JR.

'O,' zei moeder schaap. 'Bent u dit allemaal?'

'Dat ben ik,' zei de heer.

'Ik zal haar even roepen,' zei moeder schaap.

Maar Kroezebetje stond achter een bosje en had het allemaal gehoord. Ze werd bang en liep stilletjes weg. Ze holde en holde over de wei en niemand zag haar gaan.

'Kroezebetje!' riep moeder schaap. 'Waar zit je?'

'Ze zal zich ergens verstopt hebben,' zei ze tegen de drie heren. 'Wilt u even helpen zoeken?'

De heren hielpen zoeken en de andere schapen hielpen zoeken, maar Kroezebetje was verdwenen. Ze was nergens, nergens meer te vinden.

'Jammer,' zeiden de drie heren. 'Maar niets aan te doen.'

Ze stapten in hun auto en reden weg, terwijl moeder schaap treurig achterbleef en blaatte: 'Kom dan, waar ben je dan...'

Intussen was Kroezebetje al heel ver weg. Ze liep van de ene wei naar de andere en pas toen de wei ophield en de stad begon, bleef ze staan bij een sloot. Er werd daar gebouwd. Er stonden heimachines en betonmolens en zandauto's. Het was een ontzettende herrie en toen er plotseling een grote kraanwagen aankwam, schrok Kroezebetje zo, dat ze een sprong achteruit deed en ploemp in de sloot terechtkwam.

Het was een vieze sloot, een modderige, blubberige zwarte sloot. Kroezebetje zonk er helemaal in en ze was bijna verdronken, maar gelukkig had de man van de kraanwagen haar gezien. En met zijn grote grijper viste hij haar uit het water. Ze zweefde druipend door de lucht en de kraan zette haar op de wal.

'Dat was op het nippertje,' zei de kraandrijver. 'Wat zie je eruit! Weet je wat, ik breng je bij Opa Kleum. Die heeft de grootste wasmachine van de buurt.'

Opa Kleum keek heel verbaasd toen de kraandrijver bij hem kwam met een druipend vies, roetzwart schaapje onder de arm. 'Wat moet ik daarmee?' vroeg hij. 'Flink wassen,' zei de kraandrijver. 'Met veel wasmiddel.'

'Goed,' zei Opa Kleum. Hij stopte Kroezebetje in de wasmachine en toen ze eruit kwam, was ze zo wit, zo wit, dat Opa Kleum zijn ogen uitwreef.

'Is het kaartje om mijn hals ook schoon geworden?' vroeg Kroezebetje.

'Het is wat frommelig geworden,' zei Opa Kleum, 'maar we strijken het glad. Ziezo, en nu gaan we radijsjes eten op de boterham.'

Kroezebetje at aan tafel. Ze hield van radijsjes en Opa Kleum was blij dat hij iemand had om mee te praten. En daarom bleef ze bij hem in huis en ze hadden het erg gezellig samen.

'Waarom bibbert u toch altijd zo?' vroeg ze op een keer.

'Omdat ik het altijd koud heb,' zei Opa Kleum. 'Altijd koud. Daar helpt niets tegen.'

'U mag mijn krulletjes afknippen,' zei Kroezebetje. Daar kunt u een dekentje van laten maken en dat dekentje moet u omslaan.'

'Nee,' zei Opa Kleum. 'Ik kan niet tegen wol. Het kriebelt door alles heen.'

'Maar mijn krulletjes zijn geen wol,' zei Kroezebetje.

'O nee? Wat dan?'

'Hier staat het op,' zei Kroezebetje en ze wees op het kaartje. Het was nog wat groezelig en kreukelig, maar er stond toch heel duidelijk op:

'Nee,' zei Opa. 'Wat een bijzonder schaapje ben jij toch. Laten we 't dan maar eens proberen.' Hij nam de tondeuse en knipte Kroezebetjes krullen af, allemaal. Van die krullen liet hij een prachtig spierwit dekentje maken, dat hij altijd om zich heen had. Het stond hem erg lief.

'Hebt u het niet koud meer?' vroeg Kroezebetje.

'Ik heb het verrukkelijk warm,' zei Opa Kleum. 'En het kriebelt niet. Ik dank je wel. Heb je 't zelf niet koud, nu je zo bloot bent?'

'Hier in huis is het lekker warm,' zei Kroezebetje. 'En ik blijf maar binnen.'

Op een avond heel laat werd er gebeld. Opa Kleum deed open. Er stonden drie keurige heren op de stoep en de dikste van de drie kwam naar voren en zei: 'Woont hier wellicht dat hele bijzondere schaapje?'

'Jazeker,' zei Opa Kleum. 'Die woont hier.'

'Mag ik haar een ogenblikje spreken?' vroeg de dikke heer. 'Hier is het kaartje met mijn naam.'

'Een ogenblikje meneer,' zei Opa Kleum. 'Ze ligt al in bed, maar ik zal haar roepen.'

Kroezebetje lag nog wakker en had het allemaal gehoord. Ze werd heel bang, kwam stilletjes haar bedje uit en glipte door de keukendeur naar buiten.

'Wat gek,' zei Opa Kleum. 'Haar bed is leeg. Wilt u mij misschien even helpen zoeken, heren? De drie heren hielpen zoeken, het hele huis door, maar Kroezebetje was verdwenen.

'Jammer,' zeiden de drie heren. 'Maar niets aan te doen.' En ze reden weg in hun auto, terwijl Opa Kleum achterbleef en riep: 'Waar ben je? Waar zit je?'

Intussen dwaalde Kroezebetje in de koude donkere avond op straat. Het woei en het sneeuwde en ze was zo bloot. Bibberend zwierf ze van de ene straat naar de andere, totdat ze zo moe was geworden dat ze maar ging zitten op de stoep van het postkantoor. Omdat het zo koud was, liep er geen mens op straat.

De sneeuw dwarrelde om haar heen en over haar heen en na een uur was er geen schaapje meer te zien, alleen nog een bobbel van sneeuw.

De volgende morgen kwam er een vrouw langs die haar hondje uitliet. Het hondje begon in het hoopje sneeuw te krabbelen en te snuffelen en te kwispelen. De mevrouw keek eens even heel goed en zag twee oortjes uit de sneeuw steken. 'Lieve deugd, wat is dat?' Ze veegde de sneeuw weg. 'Een schaapje!' riep ze en ze holde het postkantoor in om te telefoneren.

Een paar minuten later kwam er een prachtige witte ziekenauto en Kroezebetje werd naar het ziekenhuis gebracht.

'Bevroren is ze niet,' zei de dokter. 'Ze is alleen *erg* verkleumd en ze moet een paar weekjes in bed blijven.'

En daar lag Kroezebetje dan op de ziekenzaal. Ze kreeg warme melk en veel lekker eten en de zusters waren heel lief voor haar. 'Wat ben je toch een lief schaapje,' zeiden ze. 'En kijk, je krulletjes groeien weer aan. Het zijn de witste krulletjes die we ooit hebben gezien.'

Op een ochtend stonden er drie keurige heren op de stoep van het ziekenhuis en vroegen aan de portier: 'Ligt hier wellicht dat hele bijzondere schaapje?'

'Jazeker,' zei de portier. 'Trap op, linksaf en de hele gang door.'

De heren gingen de trap op en vroegen aan de zuster op de gang: 'Weet u ook waar dat hele bijzondere schaapje ligt?'

'Bent u familie?' vroeg de zuster.

'Dat niet,' zei de dikste heer. 'Maar ik ben de WeledelZeergeleerde Heer Doctor Ingenieur J.C.H. van Dam Jr.'

'O,' zei de zuster, 'dat verandert alles. Ik zal u wijzen waar ze ligt.'

Maar Kroezebetje had liggen luisteren en ze werd heel bang. Haastig sprong ze haar bedje uit en holde naar het raam. 'Zuster,' riepen de andere patiënten, 'het schaapje gaat ervandoor!'

'Pas op, Kroezebetje, niet het raam uit, wat doe je nou toch!' riep de zuster die aan kwam hollen met de drie heren, maar het was al te laat. Kroezebetje liet zich aan de regenpijp naar beneden glijden en rende de straat op.

'Gauw,' zei de zuster, 'laten we haar gaan zoeken, ze kan onmogelijk ver weg zijn.'

Beneden op straat was een hele oploop. 'Een schaapje,' riepen de mensen. 'Er is een schaapje los.'

'Waar is het?' hijgde de zuster die met de drie heren kwam aanlopen.

'Daar, tussen die geparkeerde auto's,' riep een man.

'Nee daar,' riep een jongen. 'Ze is die bloemenwinkel in gegaan.'

Iedereen stoof de bloemenwinkel in om Kroezebetje te zoeken, maar ze was er niet. Ze zat in de bestelauto die voor de deur stond. Het was de bestelauto van de bloemenzaak en daar zat ze nu, hijgend en bevend, verstopt in een groot bloemstuk. En niemand kwam op het idee om daar te zoeken.

'Laten we in alle winkels gaan kijken,' zei de zuster.

Maar de drie heren keken op hun horloge en zeiden: 'Wij hebben helaas geen tijd meer. Wij moeten naar het feest. Wij moeten naar het hotel De Gouden Leeuw.'

In een zaal van het hotel De Gouden Leeuw waren een heleboel mensen en er stond een prachtig versierde groenfluwelen stoel. En op die stoel hing een bordje, daar stond met gouden letters op: J.C.H. van Dam Jr.

De drie keurige heren kwamen binnen en de dikste van de drie ging op de groenfluwelen stoel zitten.

Alle mensen in de zaal begonnen te juichen en te klappen, want het was jubileumfeest.

Op deze dag was de dikke heer vijfentwintig jaar WeledelZeergeleerd. En dat moest gevierd worden. Er werden toespraken gehouden en het was allemaal erg mooi en feestelijk maar toch waren de drie heren een tikkeltje treurig.

'We hadden het bijzondere schaapje *bijna* gevonden,' zeiden ze. 'Wat vreselijk jammer.' Net op dat moment werd er een ontzaglijk bloemstuk binnengedragen met rose rozen en blauwe strikken en linten.

'Wel wel,' zei de dikke heer. 'Is dat ook al voor mij? Zou er ook een kaartje bij zijn? Van wie is het?' Hij graaide tussen de bloemen.

'Hier heb ik een kaartje,' riep hij. 'Even kijken wat erop staat.' Hij zette zijn bril op en tuurde. En op het kaartje stond:

'Wat is dat?' riep de dikke heer. 'Er zit iets aan vast. Het is wit en het leeft en het is warm...' En daar haalde hij Kroezebetje tevoorschijn. Daar stond ze, trillend op haar pootjes.

'Wees asjeblieft niet bang voor me, Kroezebetje,' zei de dikke heer. 'Ik zal je geen kwaad doen. En ik zal je niet meenemen.'

'O nee?' vroeg Kroezebetje angstig.

'Nee,' zei hij. 'Het enige wat ik wil, is *één*

klein krulletje van je afknippen. Dat is voor Wetenschappelijk Onderzoek. Dat is alles.'

'Heus?' vroeg Kroezebetje.

'Heus. Waar wil je dat ik het krulletje afknip?'

'Bij mijn staartje,' zei Kroezebetje. Er werd een zilveren schaar gebracht en daarmee werd één van Kroezebetjes krullen afgeknipt.

Toen kwamen er kelners met grote bladen vol lekkere hapjes en het werd een prachtig feest.

Kroezebetje huppelde door de zaal en alle mensen riepen: 'Leve het bijzondere schaapje!'

'En waar wou je nu het liefst heen?' vroegen de drie heren. 'Wou je graag naar Opa Kleum terug? Of naar de wei?'

Kroezebetje stond even ernstig na te denken. 'Het liefst wil ik naar mijn moeder,' zei ze.

'Dan brengen we je met de auto,' zeiden de heren.

En diezelfde dag werd Kroezebetje naar de wei gebracht.

De drie heren stapten het eerst uit en gingen naar Kroezebetjes moeder die bij het bruggetje stond te treuren.

'Mijn kind is nog steeds niet terug,' zei ze. 'Ze zal wel nooit meer terugkomen.'

'Ik geloof dat wij weten waar ze is,' zei de dikke heer.

'Wat?' riep de moeder schaap. 'Waar dan?'

'Hier,' zeiden de heren. Ze deden het portier open en daar stapte Kroezebetje naar buiten.

'Mijn lieve Kroezebetje,' riep moeder schaap. 'Waar ben je toch geweest?' De andere schapen kwamen een beetje verlegen aanlopen en zeiden: 'We hebben zo'n spijt dat we onaardig voor je geweest zijn, Kroezebetje. Onze lammetjes willen graag met je spelen, als jij ook wilt.'

En zo kreeg Kroezebetje een heerlijk leven in de wei, maar elke vakantie ging ze logeren bij Opa Kleum. Dan zaten ze samen op een bankje in het park. Hij met zijn dekentje om en Kroezebetje met het kaartje om haar hals.

Drie meneren in het woud

MET EEN TEKENING VAN ANNEMARIE VAN HAERINGEN

Er waren eens drie meneren,
heel deftig en heel oud,
die wilden gaan kamperen,
kamperen in het woud.
Ze lazen om te beginnen
alvast het weerbericht.
Ze kochten een tent van linnen
en helemaal waterdicht.
Ze vonden een woud vol bomen,
het was er guur en koud,
de regen viel in stromen,
het was een heel woest woud.
Ze zaten te rillen daarbinnen,
daarbinnen in die tent.

Je moet zoiets nooit beginnen
als je oud en deftig bent.
De drie oude meneren
werden verkouden en hees.
Toen kwamen er drie beren,
die roken mensenvlees.
De beren waren schrander
en trokken meteen van leer.
Ze zeiden tegen elkander:
Zeg, lust jij oude-meneer?
Ze gooiden met boze snuiten
de hele tent opzij.
De meneren kropen naar buiten
en riepen: Heb medelij!

Mr. Van Zoeten

O, beren, hebt genade,
wij zijn zo deftig en oud!
Wij doen hier toch geen schade?
Wij zitten gewoon in het woud.
De beren zeiden: Ach, vrinden,
zo erg was het niet bedoeld!
Wij zullen u niet verslinden,
wij zijn alweer bekoeld.
Toen zaten ze met z'n zessen
gezellig onder een boom
en dronken een glaasje bessen,
en noemden elkander: oom.
De deftige, oude meneren
zijn weer terug, alle drie.
Zij denken nog vaak aan de beren,
met liefde en sympathie.

Meester Van Zoeten
waste zijn voeten
zaterdags in het aquarium.
Onder het poedelen
zat hij te joedelen
't liedje van hum-tiedelum-tiedelum!

Had hij geen tobbe
om zich te schrobben?
Had hij geen badkamer, had hij geen kom?
Zeker, dat had ie.
Wel, waarom zat ie
in dat aquarium dan, waarom?

Hij kan zijn vissen
geen ogenblik missen!
Meester Van Zoeten is dol op zijn vis.
Iedere zaterdag,
is het zoet-waterdag,
je moest eens weten, hoe enig dat is!

'k Kan me vergissen,
maar raken die vissen
soms niet een tikkeltje uit hun hum?
't Zal toch wel moeten,
als meester Van Zoeten
altijd daar zit in 't aquarium!
Mocht je 'm ontmoeten,
doe hem de groeten,
zaterdags in zijn aquarium.
Onder het wassen
en onder het plassen
zingt hij van hum-tiedelum-tiedelum.

Pluk · Spijtebijt

MET TEKENINGEN VAN FIEP WESTENDORP

Pluk liep met een schone broek en een schone trui over de galerij van de negentiende woonlaag. Hij had een uitnodiging gekregen voor een kinderfeest; Aagje Helderder was jarig.

Juist toen Pluk wilde aanbellen zag hij een oud dametje zitten, zomaar op de stenen vloer van de galerij, met een klein schreeuwend jongetje in haar armen. Ze keek op en nu zag hij dat het tante Pleeg was, die een paar deuren verder woonde.

'Dit is mijn pleegzoontje Spijtebijt,' zei tante Pleeg. 'Hij huilt zo omdat hij niet op het feest is gevraagd.'

'Wat akelig,' zei Pluk. 'En waarom is hij niet gevraagd? Alle kinderen uit de hele Petteflet zijn uitgenodigd!'

'Nou kijk,' zei tante Pleeg. 'Het zit namelijk zo... Hij bijt!'

'Hij bijt? Hoezo bijt?'

'Hij is een moeilijke jongen,' zuchtte tante Pleeg. Ze aaide het hoofdje van de snikkende kleine jongen en vervolgde fluisterend: 'Hij heeft driftbuien. Hij is erg ongelikt. Dat komt omdat hij bij de beren in Canada is opgevoed. In het woud.'

'Door de beren?' vroeg Pluk verwonderd.

144

'Door twee grote beren,' zei tante Pleeg. 'Tot zijn zesde jaar is hij daar geweest en daarom is hij nooit erg beschaafd geworden. Hij bijt. En bovendien: hij smijt. Met alles. Maar altijd heeft hij achteraf spijt. Vandaar zijn naam.'

Pluk keek vol medelijden naar het schreiende jongetje.

'Als hij nou 's gewoon met mij meeging naar binnen,' zei hij. 'En als ik dan érg goed op 'm pas.'

'O ja,' zei tante Pleeg. 'Probeer het maar. En pas vooral op dat hij niemand bijt.'

Pluk belde aan. Aagje deed open. Ze was helemaal in het lichtblauw en erg schoon.

'Ik heb Spijtebijt meegebracht,' zei Pluk. 'Mag hij asjeblieft meekomen?'

'Van mij wel,' zei Aagje. 'Van mijn moeder niet... Maar weet je wat? Er zijn zóveel kinderen dat ze het niet eens zal merken, ga maar mee naar het balkon.'

Op het reusachtige balkon-terras zaten wel twintig kinderen op witte stoeltjes en bankjes. Aagjes moeder, mevrouw Helderder, was juist begonnen aan een kleine toespraak en onopgemerkt liet Aagje de twee nieuwkomertjes plaatsnemen naast de grote bloembak met geraniums.

'Ik hoop,' zei mevrouw Helderder, 'dat jullie je allemaal keurig netjes zult gedragen. Geen gestoei, geen gedraaf, geen geschreeuw of gegil! Zachtjes praten mág. Limonade krijgen jullie niet, want dat wordt geknoei. Snoep of gebak ook niet, want dat wordt óók geknoei. Bovendien is het ongezond. En dus heb ik voor jullie allemaal een heerlijke appel. En nu mogen jullie zacht juichen.'

De kinderen juichten heel zacht en ook niet helemaal van harte.

Ze kregen allemaal een bordje met een appel. Verder een mes, een vork en een papieren servetje.

'En denk erom, met mes en vork eten!' zei mevrouw Helderder. 'Ik blijf erbij.'

Niemand zei wat. Ze hadden het allemaal moeilijk met hun appel. Het schillen ging vrij aardig, maar het eten met mes en vork bracht allerlei moeilijkheden mee.

Vooral Spijtebijt deed erg zijn best. Hij prikte stevig met z'n vork in de appel. Hij sneed een flink stuk af, maar het was een glibberig gedoe en met een keurig boogje vloog het stuk appel tegen de bril van mevrouw Helderder.

Met een kreet sprong ze op en keek naar Spijtebijt.

'Wat zie ik nou!' riep ze. 'Jij hier? En je bent niet eens gevraagd.'

Pluk stond ook op. 'Het was míjn idee, mevrouw,' zei hij. 'Ik vond het zo zielig dat hij niet mocht komen.'

'Mag hij asjeblieft blijven, mama?' vroeg Aagje.

'Geen kwestie van!' riep mevrouw Helderder. 'Ik wil dat berenkind niet in mijn huis!'

Ze liep naar Spijtebijt toe en wilde hem bij zijn kraag grijpen, maar toen sprong ze een meter achteruit en hield jammerend haar duim in de lucht.

'Hij heeft me gebeten!' riep ze. 'En nu dadelijk de deur uit! Onmiddellijk!'

Even later stonden Pluk en Spijtebijt weer buiten op de galerij. Tante Pleeg kwam al aanlopen. Ze begreep dat het helemaal mis was.

'Heeft hij mevrouw gebeten?' vroeg ze.

Pluk knikte en zei: 'Maar ze deed ook zo onaardig tegen 'm.'

'Ik heb spijt!' snikte Spijtebijt.

'Hoor je wel?' vroeg tante Pleeg. 'Hij heeft spijt, de schat. Kom mee jongens, we gaan fijn naar de lunchroom op het dak.'

Met de lift gingen ze naar de daktuin, waar je koffie kon drinken en waar het vol stond

met grote parasols en tafeltjes, waaraan mensen zaten te praten en te eten.

Pluk en Spijtebijt kregen ieder een flesje en tante Pleeg zei: 'Kijk, daar komt de gebakjuffrouw. Jullie mogen een lekker taartje uitzoeken.'

Ze wenkte de juffrouw, die kwam aanrijden met een glazen karretje waarop de heerlijkste gebakjes waren uitgestald met in het midden een reusachtige slagroomtaart met vruchten.

Pluk wees een moorkop aan. Maar Spijtebijt graaide meteen. Hij greep 'n appelgebakje, beet er een stuk af en legde het weer terug. En toen stak hij zijn hele hand in de grote slagroomtaart.

'Héé!' riep de juffrouw. 'Kwajongen dat je bent! Ik zal je leren!'

Ze sloeg naar hem, maar meteen daarop gilde ze. 'AU!'

Spijtebijt had haar gebeten.

'Ik heb spijt,' riep hij snel, maar tante Pleeg was erg boos.

'En nu krijg jij géén gebakje,' zei ze.

'Dan neem ik ze allemaal,' zei Spijtebijt.

Pluk probeerde hem tegen te houden, maar Spijtebijt pakte de hele glazen wagen en reed ermee weg, over het dakterras tussen de tafeltjes door, zo hard als hij kon.

'Hou 'm tegen!' riep tante Pleeg.

De juffrouw gilde, mensen stonden op en wilden Spijtebijt tegenhouden, maar hij reed met zo'n vaart dat de wagen niet was te stuiten. Spijtebijt stormde met kracht tegen het sierlijke hek van de daktuin, vloog er met wagen en al doorheen en verdween in de peilloze diepte.

'HELP!' schreeuwde tante Pleeg. 'M'n kind rijdt van het dak af, HELP!'

Twee verdiepingen lager zaten de kinderen van het feest nog steeds aan hun appel. Ze verveelden zich dood.

Plotseling hoorden ze een krakend en splinterend geluid boven zich.

Ze keken allemaal omhoog, ook mevrouw Helderder. Er kwam van alles door de lucht suizen, maar ze konden niet meer zien wat het allemaal was, want iedereen kreeg een volle laag taart in het gezicht. Ze zagen niet dat de taartenkar met een boog over hun balkon zeilde en helemaal beneden op het plantsoen in een miljoen scherven viel. Ze zagen niet dat Spijtebijt midden in de geraniums van hun eigen balkon terechtkwam. In de bloembak. Moorkoppen en tompoe-

zen, schuimgebakjes en soezen zaten in hun haren en tegen hun ogen geplakt, de vloer en de stoelen en de tafel waren bedekt met crème en room en kruimels. Mevrouw Helderder zelf had de grote slagroomtaart óp, als een hoed die te diep over haar ogen was gezakt. En voordat iemand besefte wat er was gebeurd, had Spijtebijt de benen genomen.

Hij vluchtte de woning door, de voordeur uit en stond nu op de galerij, waar juist Pluk de trap afkwam met een gillende tante Pleeg.

'Daar staat ie!' riep Pluk.

Tante Pleeg sloot haar Spijtebijt in de armen en snikte: 'Hij heeft níéts... De engel... Hij is niet gewond... Hij heeft zelfs geen sneetje van het glas!'

Pluk stond erbij te kijken. Hij verwachtte dat tante Pleeg hem nog eens flink op zijn broek zou geven, maar dat gebeurde niet. Ze ging dolgelukkig met Spijtebijt haar eigen flat in.

Pluk zag de deur van mevrouw Helderder openstaan en hij besloot een kijkje te nemen op het feest. Hij liep op zijn tenen door de gang naar het balkon.

Wat hij daar zag was een wilde toestand. De kinderen waren bezig met vorken de room van elkaar af te scheppen. Ze likten el-kaars benen af, ze aten flarden moorkop van de vloer, ze plukten vruchtjes uit de gerani-ums en ze hadden een geweldig plezier.

'Kom, doe mee!' riep Aagje. 'Mijn moeder zit in 't bad. Eet maar uit mijn nek!'

En zo eindigde het feest veel leuker dan het begonnen was.

Otje · De Stevige Pot

MET TEKENINGEN VAN FIEP WESTENDORP

In een oud gedeelte van de stad, in een nauw bochtig straatje, stond een aardig eethuisje. Het heette De Stevige Pot en daarbinnen waren tafeltjes met roodgeblokte kleedjes. Het eethuis werd gedreven door juffrouw Twiddel.

Op een dag, zo tussen twaalf en half een, kwam er een heel bijzondere gast binnenlopen. Een heel belangrijke gast in een uniform vol strepen en medaljes. Het was admiraal Strafport. Eigenlijk was hij geen admiraal meer, hij was oud en met pensioen, maar hij kon moeilijk afstand doen van zijn mooie uniform en daarom had hij het nog aan. Admiraal Strafport had even geaarzeld voor hij het eenvoudige eethuis binnenging, maar omdat hij wel hield van stevig voedsel besloot hij het erop te wagen.

Juffrouw Twiddel was erg onder de indruk toen ze deze hoge officier in haar eetzaal zag zitten.

'Wat zal het zijn meneer?' vroeg ze bedeesd.

'Kaapse raasdonders,' zei admiraal Strafport onmiddellijk, zonder aarzelen.

'Uitstekend meneer,' zei juffrouw Twiddel en ze ging naar de keuken. Daar stond ze stil en dacht na.

Ik weet niet wat Kaapse raasdonders zijn, dacht ze, maar ik denk dat het een soort pannenkoeken zijn. Ze begon beslag te maken.

Toen de admiraal een halfuur later een schaal pannenkoeken voor zich kreeg, werd hij kwaad.

'Wat moet dit betekenen!' riep hij. 'Ik heb Kaapse raasdonders besteld en wat krijg ik? Flenzen! Fletse tetse flenzen!'

Hij pakte de pannenkoek van z'n bord en smeet 'm door het open raam naar buiten.

Juffrouw Twiddel liep verschrikt naar hem toe.

'Waar blijven m'n raasdonders?' riep de admiraal.

Nog altijd durfde juffrouw Twiddel niet te zeggen: ik weet niet wat het zijn. Ze bloosde en hakkelde en zei: 'Raasdonders nemen altijd erg veel tijd, meneer. Als u vanavond om zes uur terug wilt komen voor het diner, dan beloof ik u dat er Kaapse raasdonders op het menu staan.'

'Een mooie boel hier...' knorde de admiraal. Maar na enig weifelen beloofde hij precies om zes uur terug te zullen komen, maar dan móést hij ook...

'Ja ja ja,' zei juffrouw Twiddel, 'dan krijgt u ook echt Kaapse raasdonders.'

'Goed, tot vanavond,' zei de admiraal en hij verliet het eethuis.

Op de binnenplaats achter het eethuis waren vijftig mussen aan het kibbelen en aan het vechten om de pannenkoek die uit het raam was gesmeten. Een van de mussen was Toep. Hij vocht niet mee met de anderen. Hij keek het eventjes aan. Toen vloog hij snel weg over de huizen, naar een straat waar Tos en Otje in een portiek stonden te wachten.

'En?' vroeg Tos.

'Geen hotel hier in de buurt,' zei Toep.

'Maar wel een eethuis. En ze hebben daar vast en zeker een kok nodig. De gasten gooien er de pannenkoeken zomaar floets het raam uit. Kun je nagaan!'

'Wijs ons de weg maar,' zei Tos.

Intussen was juffrouw Twiddel radeloos achtergebleven in haar eethuis. Ze bladerde bijna stikkend van de zenuwen in haar grote kookboek. Raasdonders stonden er niet in. Wel raapstelen, radijsjes en rammenas. Ze zocht bij de k van Kaapse. Ook niet. Wel kaaskoekjes, kaassaus en karnemelksepap.

'O,' jammerde juffrouw Twiddel. 'Voor zes uur moet ik Kaapse raasdonders klaar hebben en ik heb geen idee wat het zijn. Zal ik opbellen om het te vragen? Maar wie moet ik opbellen? Het postkantoor? Of het station? Wie zou zoiets nou weten?'

Er werd op de deur van de keuken geklopt.

'Ja,' riep juffrouw Twiddel.

De deur ging open. En voor haar stond een kok. Een echte kok.

'Weet je wat Kaapse raasdonders zijn?' vroeg juffrouw Twiddel nog voordat een van hen goeiendag had gezegd.

'Zeker wel,' zei Tos.

''t Zijn geen pannenkoeken?'

'Zeker niet,' zei Tos. ''t Zijn grauwe erwten met spek en uien en bepaalde kruiden.'

'Kun je ze klaarmaken?'

'Zeer zeker,' zei Tos. 'Ik wou juist vragen of u een kok zou kunnen gebruiken.'

'Voor één middag,' zei juffrouw Twiddel. 'Alleen om Kaapse raasdonders te koken. Hoeveel geld moet je daarvoor hebben?'

'Ach...' zei Tos. 'Als ik met m'n dochtertje hier zou mogen eten...?'

'Dat mag,' zei juffrouw Twiddel.

'En vannacht op zolder zou mogen sla-pen...' ging Tos door. 'We hebben slaapzak-ken.'

'Dat kan ook,' zei juffrouw Twiddel.

'Laat mij dan maar m'n gang gaan,' zei Tos vrolijk. 'Maar ik roep eerst even m'n dochter-tje binnen.'

Nadat Otje de slaapzakken en de tassen op zolder had gebracht, hielp ze haar vader in de keuken.

Om klokslag zes uur zat de admiraal aan een tafeltje in de eetzaal. Juffrouw Twiddel zette een dampende schaal voor hem neer. De admiraal laadde zijn bord vol, snoof,

151

proefde, kneep z'n ogen dicht en zei: 'Aaa-aah... de allerbeste Kaapse raasdonders die ik ooit gegeten heb.'

'Ja, ik heb een uitstekende kok,' zei juffrouw Twiddel trots.

'Een kok? Laat hem straks even hier komen. Ik wil hem bedanken.'

Even later stond Tos met knikkende knieën voor de deftige admiraal Strafport.

'Mijn beste man,' zei de admiraal. 'Ik ga binnenkort een reis maken. Het is een plezierreis, want ik ben nu oud en met pensioen.

Een reis op een schip. Een maand lang. En ik zou graag een eigen scheepskok meenemen. Zou juffrouw Twiddel je een maand kunnen missen? Zou je een maand verlof kunnen krijgen om met me mee te gaan?'

'Eh... ik ben hier maar tijdelijk in dienst,' zei Tos.

'Wel, des te beter. Je krijgt een goed loon bij mij, dat beloof ik je. En dat is dus afgesproken? Volgende week donderdag vertrekken we.'

'Tja...' stamelde Tos. 'Ik zou het erg graag doen, meneer de admiraal. Maar het zit zo...

ik heb een dochtertje bij me. Zou ik die dan ook mogen meebrengen? Ze is helemaal niet lastig, weet u en ze kan me helpen in de keuken of hoe heet dat op een schip... de kombuis...'

'Nee,' zei de admiraal kortaf. 'Geen vrouwen op m'n schip.'

'Maar ze is nog geen vrouw,' zei Tos. 'Ze is nog maar heel klein.'

'Klein of groot, nóóit vrouwen op mijn schip,' zei admiraal Strafport. 'Laat je dochter hier, beste man.'

'Dat... dat kan ik niet doen,' stamelde Tos.

De admiraal haalde een kaartje uit z'n zak.

'Hier,' zei hij. 'Dit is mijn naam en adres en telefoonnummer. Denk er nog eens over. Slaap er nog eens een nachtje over. En bel me op! De allerbeste raasdonders van de wereld.'

Tos nam het kaartje aan en ging naar de zolder, waar Otje al in haar slaapzak lag.

'En wat zei de admiraal?' vroeg ze slaperig.

'O, hij heeft me bedankt. Hij vond de raasdonders heerlijk, echt overheerlijk...' zuchtte Tos.

'En wat heb je daar voor een papiertje, papa?'

'Dat is... dat is... och, dat is niks. Ik gooi het maar weg...'

'Maar wat is het dan? En waarom zucht je zo? En waarom kijk je zo ongelukkig?'

Tos zuchtte nog dieper.

'Dit is het telefoonnummer van de admiraal,' zei hij. 'Hij wou me aannemen als scheepskok. Op een boot. Voor een maand. Maar ik moest natuurlijk nee zeggen.'

'Nee zeggen? Waarom?'

'Omdat ik jou niet mag meenemen. Daarom. Maar ik vind wel ergens anders werk, m'n kind. Laten we gaan slapen. Morgen trekken we verder. En Toep blijft voor ons zoeken naar een hotel of een eethuis waar ze een kok nodig hebben.'

Tos kroop in z'n slaapzak. Maar hoewel het prettig en rustig was op zolder bij juffrouw Twiddel, konden ze geen van beiden de slaap vatten. Ze lagen te piekeren en te tobben. Nu had Tos eindelijk werk kunnen krijgen, al was het maar voor een maand, maar hij kon het niet aannemen.

Jip & Janneke · Torentje bouwen

MET EEN TEKENING VAN FIEP WESTENDORP

'Kijk eens, wat een hoge toren,' roept Jip.

'Ja,' zegt Janneke. 'Mooi.'

'Hij is nog niet af,' zegt Jip. 'Hij moet nog hoger.'

'Zal ik je helpen?' vraagt Janneke.

'Goed,' zegt Jip.

En samen maken ze de toren nog hoger.

'Voorzichtig hoor, als je nu stoot, valt hij om.'

'Wacht,' zegt Jip. 'Ik zal moeder roepen. Die moet hem ook zien. Zo'n hoge toren heeft moeder nog nooit gezien.'

En Jip gaat moeder roepen.

Maar hij loopt zo hard. En zijn voetjes dreunen op de vloer. En nu valt de toren om.

'Je hebt 'm omgegooid!' roept Jip woedend.

'Niet waar,' zegt Janneke. 'Hij viel vanzelf om. Omdat jij zo hard liep.'

'Dat kan niet,' gilt Jip. 'Ik heb hem niet omgegooid.'

'Nee, maar hij viel vanzelf om.'

Daar komt moeder binnen.

'Wat is er nou weer?' vraagt ze. 'Waarom gillen jullie zo?'

'Janneke heeft de toren omgegooid,' huilt Jip.

'Niet waar, dat is gemeen,' snikt Janneke.

'Kom,' zegt moeder. 'Nu geen ruzie maken. Om een toren moet je nooit ruzie maken. Want die toren kun je toch weer opbouwen? Weet je wat, bouw nu ieder een toren. Dan gaan we doen wie de hoogste toren bouwt. En dan doe ik ook mee.'

Hè ja, dat is leuk. Janneke en moeder en Jip, alle drie gaan ze bouwen. Drie torens.

Moeder kan het heel vlug. Jip bouwt heel hard, met z'n tong uit z'n mond. En Janneke doet het heel voorzichtig. Het worden drie prachtige hoge torens. Maar ze zijn nog lang niet af.

En dan opeens: 'Waf, waf...' daar komt Takkie binnen.

'Waf, waf, waf!' roept hij. En hij gooit alle drie de torens om! Alle drie tegelijk!

'Stoute Tak...' roept Jip. Maar hij moet toch lachen.

'Kom,' zegt moeder. 'Ik ga boodschappen doen. Gaan jullie mee? En mag Takkie ook mee?'

Goed, Takkie mag ook mee. Al heeft hij het niet verdiend.

154

Rosalind en de vogel Bisbisbis

MET EEN TEKENING VAN WIM BIJMOER

Kind, zei de moe van Rosalind,
als jij het thuis niet prettig vindt,
als jij blijft zaniken en blijft morren,
als jij blijft luieren en blijft knorren,
als jij blijft mokken en kniezen en zeuren,
dan zal er nog wel eens iets met je gebeuren!
Wat zal er gebeuren? vroeg Rosalind.
Dat zal ik je zeggen, zei moeder, kind,
dan komt de vogel Bisbisbis
waar iedereen zo bang voor is.

Maar ik ben niet bang, zei Rosalind
(ze was een heel ondeugend kind),
ze bleef maar zaniken, bleef maar morren,
ze bleef maar luieren, bleef maar knorren,
ze bleef maar mokken en kniezen en klagen
totdat, op een van de najaarsdagen...
daar kwam de vogel, o, kijk toch 's even!
Daar kwam de vogel door 't luchtruim
   zweven,
dat was de vogel Bisbisbis,
waar iedereen zo bang voor is.

De sprinkhaan

Hij pakte de vlechtjes van Rosalind,
en vloog er vandoor zo snel als de wind,
en Rosalind ging aan het gillen en
    schreeuwen
en brulde als zevenentwintig leeuwen,
daar vloog de vogel al boven de huizen.
De mensen beneden hoorden het suizen,
ze keken naar boven en riepen: O, jee,
dat beest neemt zowaar een meisje mee,
dat is de vogel Bisbisbis,
waar iedereen zo bang voor is.

De vogel vloog voort op de noordenwind.
Waar bracht hij het meisje Rosalind?
Hij bracht haar verschrikkelijk ver
    hiervandaan
naar een eilandje ver in de oceaan,
daar wonen wel duizend kinderen
die altijd en altijd maar hinderen,
die mokken en zeuren en klagen en morren
en luieren, kniezen en drenzen en knorren
en daar, bij die stoute broertjes en zussen,
daar zit nu het meisje Rosalind tussen.
Ze blijft bij de vogel Bisbisbis
totdat ze weer lief en aardig is.

Er woonde op het eiland Urk
een sprinkhaan met een groene jurk,
maar deze sprinkhaan wou niet springen,
hij hield alleen van kalme dingen,
en als het ook maar even kon,
zat hij te zitten in de zon.

Zijn moeder woonde ook op Urk
en had precies zo'n groene jurk.
Ze zei: Wat heb jij toch m'n jongen
en waarom maak je toch nooit sprongen?
Kom mee, vooruit, van hopsakee!
Och moeder, zei hij, moeder, nee...

Ik blijf mijn hele leven kalm
hier zitten op een korenhalm.
Daar zit hij in zijn groene jurk –
en zit er nog. Op 't eiland Urk.

Polleke Wiet

Dit is het lied
van Polleke Wiet,
het jongetje met die oren.
Dik en gezond
en helemaal rond
van achteren en van voren.

Hij tergt agenten
op álle momenten,
trekt aan de staart
van ieder paard.
Hij toetert de bakker
op elk uur wakker.

O, o, wie het ook ziet,
huilt van verdriet
om die Polleke Wiet.

Die Polleke Wiet
als niemand het ziet,
dan kuiert hij door de straten.
Dik en gezond
en aardig en blond,
maar hou hem in de gaten.

Bespettert de kleren
van hoge meneren,
gooit met een steen
naar de meester z'n been,
maakt trouwpartijen
pardoes aan het schreien.

O, o, wat ook geschiedt,
we nemen het niet
van die Polleke Wiet.

Dit is het lied
van Polleke Wiet,
het jongetje met die oren.
Dik en rond,
maar hij maakt het te bont;
o, was hij maar nooit geboren.

Hij treitert Cornelis
zo lang tot hij scheel is,
hij roept heel hard boe
tegen Karel z'n moe,
hij trekt aan de belletjes,
nou is het welletjes!

Kortom, als u hem ziet,
die Polleke Wiet,
spaar hem dan niet!

Het beest met de achternaam

MET TEKENINGEN VAN JAN JUTTE

Er was eens een klein boerenmeisje. Iedereen noemde haar Pietepeut, omdat ze zo voorzichtig was. Ze liep altijd heel langzaam en keek voortdurend naar beneden om te zorgen dat ze niet op een bloem of op een kever trapte, want ze kende alle plantjes en alle dieren in het grote bos.

'Pietepeut,' zeiden de mensen, 'ga toch niet door het bos naar school. Ga toch liever over de grote weg. Er woont een afschuwelijk monster in het bos. Het is het beest Van Dalen. Het beest met de achternaam! Weet je dat dan niet?'

'Ik heb het beest nooit gezien,' zei Pietepeut. 'Maar ik ben niet bang om hem te ontmoeten.' En ze bleef bij haar gewoonte; ze ging iedere dag door het woeste wilde bos.

'Pietepeut,' zeiden de mensen, 'de koning heeft een prijsvraag uitgeschreven. Hij die het beest met de achternaam vangt, krijgt de helft van het koninkrijk en mag met de prinses trouwen. Zie je nu wel, dat het gevaarlijk is om door het bos te gaan? Geloof je het nu?'

'O, maar ik ben niet bang,' zei Pietepeut en ze ging weer door het bos. Juist toen ze in de buurt van de bosvijver kwam, hoorde ze een enorm gebrom en gesnuif en geschreeuw. Ze keek op en ze zag iets door de lucht zweven dat met een ontzaglijke plons in de vijver terechtkwam, zodat het spatte naar alle kanten.

Pietepeut keek nieuwsgierig naar de kringen in de vijver en zag toen een jongeman die proestend uit het water opdook. Hij zwom naar de oever en Pietepeut gaf hem een handje om aan wal te komen. 'Wat is er gebeurd?' vroeg ze.

'Hij gooide me hoog in de lucht...' hijgde de jongeman. 'Op zijn horens... het beest met de achternaam. Oef, wat een monster! Het beest Van Dalen.'

De volgende morgen, toen Pietepeut door het bos liep, hoorde ze weer een ontzettend lawaai. Ze keek naar boven en jawel hoor... daar vloog weer een andere jongeman door de lucht. Met een hevig gekraak kwam hij in de kruin van een oude eik terecht, waar hij kreunend in bleef zitten. 'Het beest Van Dalen...' riep hij. 'Het beest met de achternaam! Hij heeft me wel dertig meter de lucht in geworpen. Het is een afgrijselijk monster!'

Nu durfde er niemand meer het bos in, behalve Pietepeut die rustig haar gangetje ging, altijd langzaam en altijd met het hoofdje naar beneden. Op een dag ging ze zitten aan de oever van de bosvijver en haalde een boterham uit haar schooltas. Het was een bruine boterham met kaas en peinzend begon Pietepeut te eten; de kruimels vielen om haar heen op het gras.

'Niet op mijn hoofd alsjeblieft,' zei een klein stemmetje naast haar. Pietepeut keek opzij om te zien wie daar tegen haar sprak. Het bleek een lief wit bloemetje te zijn; er lag een kaaskorstje bovenop.

'O pardon,' zei Pietepeut en haalde het kaaskorstje weg.

'Dank je,' zei het bloemetje.

'Heb jij het beest met de achternaam wel eens gezien?' vroeg Pietepeut.

'Natuurlijk,' zei het bloemetje. 'Hij is familie van me.'

'Nee toch,' zei Pietepeut verwonderd.

'Zeker. Ik ben toch immers het bloemetje met de achternaam?'

'Natuurlijk,' riep Pietepeut. 'Wat dom van me om daar niet aan te denken. Jij bent het lelietje Van Dalen. En je kent dus het beest Van Dalen goed?'

'Nou goed...' zei het lelietje. 'Erg goed niet. Maar ik weet bepaalde dingen van hem. Ik weet dat hij woedend wordt als iemand hem aanvalt. Ik weet dat hij razend wordt als al die mannen hem proberen te vangen.'

'Dat weet ik ook,' zei Pietepeut. 'Ik heb ze de lucht in zien vliegen. Nou en of!'

'Maar ik weet nog meer,' zei het lelietje Van Dalen. 'Ik weet dat hij gaat huilen als je treurige liedjes voor hem zingt. Hij is dan als een lammetje zo zoet en je kunt hem aan een dun touwtje meevoeren, waar je maar wil.'

'Dank je,' zei Pietepeut. 'Ik zal het onthouden.' Ze pikte de laatste kruimeltjes uit het papier en at ze op. 'Tot ziens,' zei ze en ging naar school.

En het was die middag, toen ze naar huis ging, dat ze plotseling in het bos tegenover het beest Van Dalen stond. Omdat Pietepeut altijd naar beneden keek zag ze eerst zijn poten. Het waren ontzaglijke grote harige poten met scherpe klauwen.

Langzaam hief Pietepeut haar hoofdje en zag zijn lijf. Het was een monsterachtig groot lijf, zeker zo groot als dat van een olifant en helemaal bedekt met grof roestkleurig haar. Toen legde ze haar hoofdje in de nek en zag zijn kop. En die kop was het griezeligste. Hij had drie horens en een wijd open bek met vlijmscherpe tanden. Hij had grote snorren als een tijger en een gerimpelde neus als een kwade hond. Zijn ogen waren woedend. Hij brieste en sperde zijn muil open. Het was duidelijk dat hij van plan was helemaal niets van Pietepeut over te laten.

Trillend stond ze voor hem, maar ze herinnerde zich heel goed wat het lelietje Van Dalen had verteld. En met een bevend stemmetje begon Pietepeut te zingen. 'Lammetje loop je zo eenzaam te dwalen...' zong ze. 'Over de hei-ei, over de hei...'

Het was een liedje dat haar moeder vroeger voor haar zong, toen ze nog veel kleiner was. Ze had er toen altijd om gehuild, omdat het zo'n treurig liedje was.

Wel wat bibberig, maar met een helder stemmetje zong Pietepeut het hele liedje uit en het grote beest Van Dalen deed zijn bek dicht en luisterde. Zijn ogen werden treurig en er droppelden grote tranen over zijn ruige wangen.

Toen het liedje uit was, begon Pietepeut opnieuw en ze haalde ondertussen een touwtje uit haar zak en bond dat om de hals van het beest met de achternaam.

Zingend voerde ze hem achter zich aan en hij liep gewillig mee, als een lam. Zingend ging Pietepeut met het beest het bos uit, door het dorp.

'Help... het beest Van Dalen!' gilden de mensen en ze vluchtten op de daken.

Maar Pietepeut liep rustig en steeds zingend verder tot ze bij het paleis kwam waar iedereen zich verstopte onder de gouden stoelen en achter de vergulde kasten. Iedereen, behalve de koning.

'Mijn kind,' zei hij ontroerd. 'Je hebt het beest met de achternaam gevangen.'

'U mag hem niet doodmaken,' zei Pietepeut gauw.

'Nee,' zei de koning. 'Ik zal hem een park geven voor hem alleen. En jij krijgt de helft van het koninkrijk en je mag met de prinses trouwen.'

'Wat een onzin,' zei Pietepeut. 'Ik ben toch een meisje.'

'O ja,' zei de koning, 'dat is waar ook. Nou goed, dan mag je met de prins trouwen.'

'Eerst zien,' zei Pietepeut. En toen ze de prins zag, zei ze: 'Oké.'

En zo werd Pietepeut koningin en het

beest Van Dalen woonde in een eigen park achter het paleis. Elke dag zong koningin Pietepeut voor hem, over het lammetje. Het beest kreeg dan tranen in de ogen en legde zijn lelijke kop op haar schoot. En zowel de jonge koningin als de jonge koning hielden meer van hem dan van al hun ministers bij mekaar. En dat wil wat zeggen.

Het schaap Veronica · Sprookje

Hè nee, zei 't schaap Veronica, ik wil nog niet gaan slapen,
we hoeven niet zo vroeg naar bed, het is toch zaterdag?
Wel, zeiden toen de dames Groen, wij zitten al te gapen,
maar even een verhaaltje voor we slapen gaan, dat mag.

Da's goed, zo sprak de dominee, wat zal het dan eens wezen?
De wolf en zeven geitjes, zei het schaap Veronica.
Toen nam de dominee zijn bril en ging het sprookje lezen
van al die geitenkinders zonder hun mama:

'en toen de geitenmoeder thuiskwam met een mand vol eten,
toen waren al haar kinders weg. Begrijp je, hoe ze schrok?
De wolf was in huis geweest en had ze opgegeten,
alleen het kleinste geitenkindje zat nog in de klok.'

Hè, zei het schaap Veronica, hoe kan dat nou gebeuren...
Zo'n geitje kan niet in de klok, al is het nog zo klein.
't Is welles, zei de dominee, zit u toch niet te zeuren,
zo'n hele grote Friese klok, zoiets zal het wel zijn.

Nou, zei het schaap Veronica, ik ken toevallig geiten,
maar 'k heb er toch nog nooit een met een Friese klok ontmoet.
Wat drommel! riep de dominee, hier heb ik toch de feiten!
Eh, zei het schaap Veronica, de feiten zijn niet goed.

Kom, zeiden toen de dames Groen, nu is 't verhaaltje uit.
En wel bedankt, 't was prachtig mooi. Wie wil er een beschuit?

Abeltje · De kermis

MET EEN TEKENING VAN THÉ TJONG-KHING

Reng! Beng! Tsjengeleboem! Hotsa Hotsa Hee! Kermis in Middelum.

Het was een heidens kabaal. Hoeiii... daar ging een zweefmolen met kleine vliegmachientjes, die gierden als straaljagers en sirenes. Vlak daarnaast bengden de autootjes tegen elkaar onder het gegil en geschreeuw van de passagiers en daverende jazzmuziek!

Geuren van vette olie, van frites, van oliebollen... van wafels... kijk, daar gingen een heleboel ballonnen de lucht in... gele en groene en rode... daar was een schiettent... kon je op de beer schieten, en daar was de tent van een waarzegster...

'Bij mekaar blijven, jongens,' riep Klaterhoen telkens weer... 'bij mekaar blijven!' Maar Abeltje en Laura waren niet zo makkelijk te houden. Ze schoten als apen zo vlug tussen het gewoel door, ieder met een hele lange kleurige zuurstok in de hand.

'Hé... wacht nou 's even...' zei meneer Tump amechtig. 'Ik kan jullie niet bijhouden... waar zullen we nu 's in gaan?'

'In de achtbaan...' gilde Laura boven het lawaai uit... 'we gaan in de achtbaan!'

'Dat durf ik niet! Dat is zo eng!' riep juffrouw Klaterhoen.

'Niks eng! Fijn!' schreeuwde Laura. 'Kom maar,' riep Abeltje. 'We nemen u wel mee aan 't handje, Klaterhoentje.'

En ze sleurden Klaterhoen en meneer Tump mee naar de ingang van de achtbaan. Ze zaten met z'n vieren dicht op elkaar... de muziek begon te krijsen... de generator

zoemde boven alles uit en daar ging het... zjoeiiii... hoeiiii... de bocht om, zigzag... plotseling een hoek om... hoeiiii...

'Help...' gilde Klaterhoen. Ze viel bijna flauw.

Maar de anderen hielden haar stevig vast... en aan 't eind... bots, daar lagen ze allemaal op de grond... gillend en giechelend...

'Nooit meer...' zei Klaterhoen. 'Dit nooit meer.'

'Pffff...' zuchtte meneer Tump.

'Kom maar mee,' zei Abeltje. 'We gaan gezellig poffertjes eten, dat is veel veiliger.'

Toen ze met z'n allen in een hoekje van de wafelkraam zaten, telden ze hun geld.

'Sakkerjel,' zei meneer Tump. 'Je bent hier in een paar minuten je centen kwijt. 't Moet kalmpjes an, jongens.'

'Laten we dan alleen maar in de allerleukste dingen gaan,' zei Abeltje. 'De lachspiegels.'

'Hè nee,' zei Laura, 'wat heb je daar nou an. Nee, ik wil zo graag naar de tijgertemmer.'

'Waar is dat?'

'Kijk...' wees Laura. Er stond een grote groene tent, met een rode deur. Op de deur stond met grote bloemige krullige letters: Leilos en zijn tijgers.

'Dat zal mooi zijn,' zei Laura, met gloeiende wangen.

'Nou,' zei meneer Tump. 'Vooruit dan maar. Naar de tijgers. Hebben jullie je poffertjes op? Dan gaan we.'

Maar toen ze bij de deur van de tent kwa-

men, was daar niets te zien en niets te horen.

Voor de tent was een groot houten plankier. Maar de tent was dicht.

'Hè, wat jammer nou,' zei Laura teleurgesteld. 'Ze zijn hier nog niet begonnen.' Ze nam Sam, haar lieve konijn, en klom de houten stellage op.

'Laura, de konijnentemster!' riep ze heel hard.

En toen begon ze daar zomaar, in haar een-tje op dat houten toneeltje, met haar kunsten.

Ze ging op haar handen staan, haar benen in de hoogte. En Sam klauterde langs haar rug naar boven en stond wiebelig, maar rechtop, op haar voeten.

Een paar omstanders klapten en riepen: 'Bravo!'

Meer volk kwam erbij staan. Laura maakte een brug, waar Sam keurig overheen liep, op

165

zijn achterpootjes. Ze liet het konijn door haar handen springen. Ze ging op haar rug liggen en liet Sam van haar ene opgeheven voet op de andere springen. Het was een alleraardigst gezicht. Niemand van het publiek had er erg in, dat ze hier eigenlijk niet hoorde. Ze dachten allemaal dat het een gratis voorstelling was.

Klaterhoen stond heel trots te kijken. Het was per slot haar pleegdochter die daar zulke prachtige toeren maakte.

En Abeltje hield zijn adem in. Hij vond het zo mooi.

Tot Klaterhoen plotseling zei: 'Pas op, daar komt die nare Derks!'

Derks was een politieagent. Hij kwam naar de tent toe, keek somber naar Laura, en riep: 'Hé, hé daar!'

'Wablief...' zei Laura en stond ineens gewoon op haar voeten.

'Van wie heb jij vergunning om hier op te treden?' vroeg Derks, het opschrijfboekje al in zijn handen.

'O, ik deed maar even iets...' stamelde Laura. 'Ik vroeg er toch geen geld voor!'

'Van wie ben jij er een?' ging de agent streng door.

'Dit is mijn pleegdochter,' zei juffrouw Klaterhoen tegen de agent. 'En dat kind maakt heel eventjes kunsten hier vlak voor de tent. Zomaar, begrijpt u dat? Zomaar, voor de lol. Effe! Begrijpt u dat?'

'Ik begrijp alleen...' begon de agent boos. Maar ineens slaakte Abeltje een doordringende, afschuwelijke indianengil en rende ervandoor.

De agent weifelde geen ogenblik en ging hem achterna, uit instinct.

'Kom,' zei Laura haastig. Ze pakte Sam beet, greep Klaterhoen vast, wenkte meneer Tump en een seconde later waren ze verdwenen tussen het gewoel. En vlak bij de grote

goocheltent vonden ze Abeltje, die rustig op een paaltje zat.

'Zag je dat?' vroeg hij. 'Ik heb hem gewoon weggelokt. Ben toen zelf tussen twee tentjes door geschoten en nou is ie ons allemaal kwijt.'

'Hè hè,' zei Klaterhoen. 'Dat was nou die Derks. Dat was nou die agent die altijd om vergunningen vraagt. Ook als ik de ouden van dagen zangles wil geven. Wat 'n vent. Stel je voor dat je met die man getrouwd bent. Als je dan op de canapé gaat zitten vraagt hij of je wel vergunning hebt om op die canapé te zitten.'

'Laten we nou maar gauw ergens in gaan,' zei Abeltje. 'Anders komt ie weer opdagen. Wat zou dit wezen, deze goocheltent?'

Ze keken naar de ingang. Voor de opening was een kleurig gordijn gehangen. De rest van de tent was spierwit met grote gouden krullen. Er stond met kleurige letters op: Professor Pinsky, illusionist.

'Ja,' zei Laura, 'daar gaan we in.' Ze danste op en neer van ongeduld. 'Kom mee, kom mee. Die is tenminste open.'

'Ja, we gaan al,' zei meneer Tump. 'Kalmte, juffertje, niet zo zenuwpezerig doen...'

Ze betaalden entree en gingen naar binnen.

Het was wat schemerig in de tent. Er zaten een stuk of veertien mensen op houten banken, maar langzamerhand groeide het aantal en kwamen er wel vijftig binnen.

'Treedt binnen, dames en heren!' brulde een dwaze clown die in de deuropening stond. 'Treedt binnen in het wereldberoemde domein van professor Pinsky, de vermaarde tovenaar!'

Eindelijk ging het gordijn dicht. Het werd licht op het toneel, en daar kwam hij. De grote goochelaar, tovenaar, illusionist, professor Pinsky!

De man in het houten hokje

MET EEN TEKENING VAN HARRIE GEELEN

In de Rammekes-straat
waar de tram door gaat,
daar staat een houten hokje,
en daar woont een man
die toveren kan,
die toveren kan met een stokje.

Hij vraagt je prompt
als je binnenkomt:
Wat zal ik nu eens van je maken?
Een hond of een kat
of een muis of een rat
of een kikker, die hard kan kwaken?

En netjes en gauw
betovert hij jou,
van hokus, pokus, pilatus,
in een mus of een spreeuw
of een koe of een leeuw.
Hij betovert je helemaal gratis.

Dus als je eens fijn
iemand anders wilt zijn,
geen jongetje meer, maar een bokje,
die man weet wel raad
in de Rammekes-straat,
die man in zijn houten hokje.

De familie Kizzebis

MET EEN TEKENING VAN ANNEMARIE VAN HAERINGEN

Weet je, kinderen, wie dit is?
Dit is Pieter Kizzebis.
Pieter is een vader-muis
met een massa zorgen thuis;
met een vrouw en negen kinderen
(dat is veel, maar 't mag niet hinderen),
en ze heten, luister goed:
Kriebeltje, Wiebeltje, Snorretoet,
Habbeltje, Dabbeltje, Mieke, Krelis,
Bartholomeus en Cornelis.
Allemaal braaf en goed gezond,
maar ze scharrelen altijd rond,

klimmen, klauteren en woelen,
knagen, piepen en krioelen.
Snap je wel, hoe druk het is
in het huis van Kizzebis?

En waar is dan wel dat huis
van Pieter Kizzebis, de muis?
Onder een trap van veertien treden,
helemaal onderaan, beneden,
daar is het nest, het is geriefelijk
en het uitzicht is er liefelijk.
Elke nacht gaat pa op stap

Kalm kalm

over de treden van de trap
naar de keuken, helemaal boven
om rantsoenen kaas te roven,
en wat kruimeltjes en zwoerdjes
voor de zusjes en de broertjes.

Op een mooie dag zei vader:
Kinderen, kom even nader!
Wiebeltje, hou op met rennen,
Dabbeltje, schei uit met jénnen,
Bartholomeus, haal je staart
éven uit die mokkataart,
was je vieze snorren, Mieke,
want we gaan ons laten kieken!
Jongens, opgepast en braaf,
wij gaan naar de fotograaf.

Kijk ze zitten. Da's niet mis,
die familie Kizzebis!
Vader, moeder, Kriebeltje, Krelis,
en Cornelis, die wat scheel is,
Bartholomeus, Wiebeltje, Dabbeltje,
Mieke en de kleine Habbeltje,
en ten slotte Snorretoet,
o, wat zitten ze daar zoet!
En de fotograaf roept: Stil!
Let op 't vogeltje, als je wil,
even snorretjes opstrijken
en wat vriendelijker kijken...
Já! Knip.
't Is gebeurd, familie Muis!
Morgen komt de foto thuis.

Er was eens een kalme dame.
Die ging met een kalme heer
uit vissen in een bootje
over het kalme meer.

Ze vingen drie kalme vissen
en gingen ermee naar huis.
Daar hadden ze kalme kippen
en ook een kalme muis.

Ze zaten kalm te lezen
bij 't hekje op het grind.
Ze kregen na een poosje
een heel kalm kind.

En als het kind ging slapen
zei hij: Dag pa, dag ma,
en veertien kalme engeltjes
volgden hem na.

Wiplala · Pruimensoep

MET TEKENINGEN VAN PHILIP HOPMAN

'Ik ben te laat. Ik ben op het nippertje...' hijgde vader Blom toen hij met zijn autootje kwam aanrijden bij het grote soepgebouw. De klok stond op vijf voor negen. Hij parkeerde vlug en holde het bordes op. 't Ging allemaal heel vlug: de draaideur door, langs de portier, de lift in, de gangen door en precies om een halve minuut voor negen zat hij puffend achter zijn bureau, in zijn eigen kantoor, netjes op tijd dus.

'Zo...' mompelde vader in zichzelf. 'En nu gauw aan de slag. Ik zal maar beginnen met die hele stapel post.'

Hij greep in zijn zak om z'n bril te pakken en voelde iets zachts. Haartjes.

'Ik ben het maar,' zei een stemmetje.

'Wel alle pietermannen,' riep vader Blom boos. 'Hoe kom jij in mijn zak?'

'Ik wou de soepfabriek zien,' zei Wiplala. 'En toen heb ik me stiekem verstopt in je zak.'

Vader pakte het kleine ventje beet en zette hem voor zich op het bureau.

'Luister eens goed,' zei hij. 'Ik vind dit heel stout van je. Jij kruipt altijd stiekem in zakken en tassen. Jij bent een verstekeling. Jij lift mee. En wat moet ik nu met je aan? Zo'n hele dag op kantoor, waar moet ik je laten?'

'O, ik amuseer me best,' zei Wiplala. 'Ik blijf hier boven op het bureau zitten en ik speel met je pennenbakje. En ik ga tekenen. Heb je een potlood voor me dat niet zo erg groot is?'

'Er komt niets van in,' zei vader. 'Elk ogenblik komen hier mensen binnen. En elk ogenblik kan ik bij de directeur geroepen worden. En dan zit jij hier te kijk voor iedereen.'

'Ik verstop me wel achter de telefoon,' zei Wiplala. 'Of in de asbak. En misschien kan ik je helpen, vader. Ik kan tikken op de schrijfmachine.'

'Ha, ha,' zei vader somber.

'Heus, ik kan tikken. Dan spring ik van de ene toets op de andere.'

'Hoor eens, jongetje, daar komt niets van in. Ik heb het druk en je hindert me bij m'n werk en...' Vader zweeg want de deur ging open en een juffrouw kwam binnen met een stapel papieren. Bliksemsnel pakte vader Wiplala beet en stopte hem weer in zijn zak.

'Hé,' zei de juffrouw, 'ik dacht dat er iemand bij u was, ik hoorde toch praten?'

'Nee,' zei vader, 'ik bedoel ja... ik telefoneerde even.'

'Of u onmiddellijk bij de directeur wilt komen,' zei de juffrouw.

'Zeker, ik kom,' zei vader.

Hij gaf Wiplala in de zak een klein tikje op zijn hoofd, alsof hij wou zeggen: denk erom, je houdt je rustig. En toen klopte hij op de kamerdeur van meneer Peters, de directeur.

Meneer Peters was een heel indrukwekkende heer. Hij had zware wenkbrauwen, een ontzaglijke vierkante zwarte bril en een dichtgeknepen mond, die er heel ernstig kon uitzien. Zoals nu. Het was een bijzonder ernstig gezicht vandaag.

'Goedemorgen, meneer Peters,' zei vader

beleefd. Hij voelde zich een beetje ongemakkelijk, het was of meneer Peters dwars door zijn jasje heen kon kijken waar de kleine Wiplala verscholen zat.

Er kwam geen antwoord.

Vader kuchte en wachtte af.

Meneer Peters keek hem een paar seconden lang met een strakke blik aan. Toen haalde hij een krant tevoorschijn. Een ochtendblad vol advertenties.

'Kijkt u eens even hier, meneer Blom,' zei hij met een akelig kille stem.

Vader Blom nam de krant en keek.

De duim van de directeur wees op een grote advertentie. Het was een soepadvertentie zoals er altijd zoveel in de krant staan. Een plaatje van een lieve moeder die soep opdient voor haar blije en dankbare kinderen. En daaronder staat dan meestal: *Moeder weet wel hoe heerlijk ze het vinden.* Of: *Hoera, roept het gezin...* Maar nu, bij dit plaatje in deze krant stond iets anders. Meneer Peters hield er zijn duim bij en riep: 'Ziet u dat?'

Vader Blom zette zijn bril recht en zei: 'Jazeker, meneer. Dat is de advertentie voor onze tomatensoep. Ik heb die advertentie zelf gemaakt. Ik heb tenminste het onderschrift verzonnen. Dat had u mij immers opgedragen?'

'Lees dan hardop!' bulderde meneer Peters.

Vader las hardop: '*Wie eenmaal onze pruimensoep heeft geproefd, wil nooit meer andere...*'

'Pruimensoep,' zei meneer Peters met snijdende stem. 'Pruimensoep. Wie heeft er ooit gehoord van pruimensoep? U soms, meneer Blom?'

'Nee,' fluisterde vader.

'En toch staat het hier,' zei de directeur en tikte weer met een grote vinger op de advertentie. 'U hebt die advertentie in de krant laten zetten. U!'

'Ik... eh... moet in de war geweest zijn,' zei vader hakkelend. 'Ik bedoelde natuurlijk tomatensoep.'

'Zo, bedoelde u tomatensoep,' zei meneer Peters dreigend.

'Ik...' Vader slikte. Hij had willen zeggen: bij ons zijn de tomaten in pruimen betinkeld en daardoor ben ik in de war geraakt... Maar hij begreep dat hij dit niet aan de strenge directeur kon uitleggen. Hij zou er niets van begrijpen. Daarom zweeg vader en keek alleen heel ongelukkig.

Na een ogenblik van gevaarlijke stilte zei hij bedremmeld: 'Wie weet is pruimensoep heel lekker.'

Dit had hij niet moeten zeggen, want nu werd de directeur zelf zo paars als een pruim.

'Pruimensoep!' schreeuwde hij. 'Pruimensoep! Mijn secretaris heeft een uitvinding gedaan. Hij heeft pruimensoep uitgevonden. En er meteen een advertentie voor gemaakt!'

Hij sprong op van zijn stoel en liep met grote stappen over het blauwe tapijt. Het zag ernaar uit dat hij vader Blom bij de keel zou grijpen. Hij bleef vlak voor vader staan en schudde zijn grote wijsvinger voor vaders neus heen en weer.

'Weet u wel wat u gedaan hebt?' zei hij schor. 'Weet u wat er nu gebeurt? Hier!' Hij pakte een telegram van het bureau en hield het vader voor. 'Hier, een grote firma bestelt duizend blikken pruimensoep. Direct toen ze de advertentie gelezen hadden stuurden ze ons dit telegram. Duizend blikken pruimensoep willen ze van ons hebben.'

Vader stond op het punt om te zeggen: 'Nou, dat is toch mooi?' Maar hij slikte die woorden gauw in.

'En waar zou ik die pruimensoep vandaan moeten halen?' brulde meneer Peters. 'Waar moet ik soep vandaan halen die niet eens bestaat? En de telefoon gaat de hele tijd: allemaal mensen die om pruimensoep vragen. Wat moet ik daarmee aan? Wat moeten we antwoorden?'

'Wel...' zei vader peinzend en probeerde een antwoord te vinden. 'Wel...' zei hij toen, 'misschien moeten we maar heel gauw pruimensoep gaan maken in de fabriek en dan...' maar de directeur liet hem niet uitspreken.

'U bent op staande voet ontslagen,' riep hij. 'U gaat eruit! Een secretaris die mij zoiets lapt is erger dan waardeloos.' Hij sloeg met zijn enorme vuist op het bureau, zodat de lamp rinkelde en de papieren opvlogen.

Toen werd zijn stem heel zacht en heel dreigend. 'U bent niet alleen ontslagen,' zei hij, 'u zult mij ook een schadevergoeding betalen. Ik zal u aanklagen bij het gerecht en u zult mij de hele schade vergoeden tot aan...' Op dat moment zweeg de stem van meneer Peters. En meneer Peters zelf was er niet meer. Er was plotseling een grote leegte in de kamer en een grote stilte. De directeur was verdwenen, maar op het blauwe tapijt, vlak voor vader, stond een hondje.

Een middelgrote, ruige, grijsbruine hond met een borstelige snuit, kwade ogen en een korte stompstaart. Al zijn haren stonden recht overeind en hij begon nijdig te blaffen. Toen snuffelde hij zenuwachtig over de vloer met z'n natte neus en stootte een paar korte jankjes uit.

Vader Blom greep in z'n zak en haalde Wiplala tevoorschijn.

'Tinkel mijn directeur terug,' beval hij kort.

'Maar hij wil je ontslaan, vader,' zei Wiplala. 'Hij wil je kwaad doen.'

'Tinkel hem dadelijk terug,' zei vader.

'Hij... hij is gevaarlijk,' zei Wiplala. 'Hij kan beter een hond blijven.'

'Wrrrr...' zei de hond op het tapijt en keek dreigend.

'Pardon, meneer Peters,' zei vader heel beleefd tegen de hond. 'Dit kleine ventje heeft u betinkeld, maar hij zal het weer goedmaken. Hij zal u onmiddellijk weer terugtinkelen. Nou, Wiplala? Tinkel meneer terug! Schiet op!'

Wiplala hief zijn linkerhandje op. Zijn lipjes bewogen. Hij zei een spreukje. Maar er veranderde niets aan de toestand. Meneer Peters bleef een hond.

'Kun je het niet?' vroeg vader radeloos.

'Nee,' fluisterde Wiplala.

'Probeer het dan nog eens.'

Wiplala probeerde het nog eens. En daarna weer en weer. Maar het hielp niet.

Nu begon de hond kwaadaardig en langdurig te blaffen. Vader Blom voelde in zijn zak en haalde een klontje tevoorschijn.

'Astublieft, meneer Peters,' zei hij.

Meneer Peters snuffelde aan het klontje en slokte het meteen naar binnen. Toen blafte hij opnieuw.

'Ik heb niet meer klontjes bij me, meneer Peters,' zei vader verontschuldigend, 'het spijt me erg. O, Wiplala, wat heb je gedaan? Hoe moet dat nu?'

Vader ging wanhopig zitten op de stoel van de directeur, maar sprong dadelijk weer op, want de hond beet naar zijn broekspijp.

'Pardon,' zei vader, 'het was niet mijn bedoeling u te beledigen. O, Wiplala, dat je een wildvreemde juffrouw in een lijster verandert, dat is nog tot daaraan toe. Maar dat je mijn eigen directeur in een hond betinkelt, dat vergeef ik je nooit.'

Wiplala stak voor de zoveelste keer zijn hand uit om te proberen de hond terug te tinkelen, maar er klonken voetstappen op de gang en er werd aan de deur geklopt. Vader stopte Wiplala bliksemsnel in zijn zak.

'Binnen...' riep hij.

'Goedemorgen,' zei de bedrijfsleider, die binnenkwam. 'Ik dacht... is de directeur niet hier?'

Vader slikte even en zei toen: 'Nee, meneer Muizewit, de directeur is er op 't moment niet.'

'Hé,' zei de bedrijfsleider. 'Tien minuten geleden was hij er nog. Hij heeft me opgebeld. Ik moest bij hem komen. Is hij even weggegaan, de gang op of zo? Zal ik even op hem wachten hier?'

Vader Blom dacht snel na. Toen zei hij: 'De directeur is plotseling op reis gegaan. Naar Italië.'

Verbaasd keek de bedrijfsleider hem aan. 'Op reis? Naar Italië?'

'Ja, het kwam wel erg halsoverkop,' zei vader. 'Hij kreeg een telefoontje. Net tien mi-

nuten geleden. Uit eh... uit Italië. Uit Milaan. Nou enne... toen heeft meneer Peters geen seconde getwijfeld. U weet hoe hij is, nietwaar? Resoluut en vastberaden! Hij heeft dadelijk het vliegveld opgebeld om een plaats te bespreken en is de deur uit gehold om het vliegtuig van half tien nog te halen.'

De bedrijfsleider keek vader verbijsterd aan en krabde zich op het hoofd. 'Zonderling,' zei hij. 'Merkwaardig. Bijzonder moeilijk ook. Want er komen van alle kanten aanvragen voor pruimensoep.'

'Pruimensoep,' zei vader. 'O, juist, ja. Pruimensoep.'

'Heeft meneer Peters nog gezegd wat we daarmee aan moeten?' vroeg de bedrijfsleider.

'Eh... tja, daar is hij juist voor op reis gegaan,' zei vader. 'Ik denk om eh... om pruimen voor de pruimensoep te bestellen.'

'In ltalië?' vroeg de bedrijfsleider.

'Eh... ja, in Italië,' zei vader met vaste stem, en dacht: waarom eigenlijk niet? In Italië groeien toch ook pruimen.

'O,' zei de man. Hij bleef nog even staan en keek naar de hond, die telkens kwaad blafte, met korte tussenpozen.

'Is dat uw hond?' vroeg hij, vlak voor hij de deur uit ging.

'Nee, dat is eh... dat is... dat is... zomaar een hond,' zei vader.

Meneer Muizewit, de bedrijfsleider, ging de kamer uit met een peinzende en argwanende blik.

Jip & Janneke · Een vlieger

MET EEN TEKENING VAN FIEP WESTENDORP

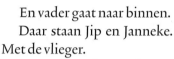

Vader heeft een vlieger gemaakt. Het is zo'n mooie! Er staat een gezicht op. Jip is heel trots op de vlieger. Nu gaan ze hem oplaten. Jip en Janneke samen. In de tuin. Maar het valt niet mee. Hij wil de lucht niet in.

'Vader,' roept Jip. 'Hij wil niet. Hij doet het niet.'

'Hij doet het best,' zegt vader. 'Kom maar, ik zal je helpen.'

En vader loopt een eind met de vlieger, en nu gaat de vlieger de lucht in. Hoger en hoger. Je kan zijn gezicht niet eens meer zien...

'Mooi...' zucht Janneke.

'Mooi,' zegt Jip.

'Zo,' zegt vader. 'En hou nu goed het touw vast. Nu kun je het wel alleen.'

En vader gaat naar binnen.

Daar staan Jip en Janneke. Met de vlieger.

'Laat mij ook eens,' zegt Janneke.

Ze loopt een eind weg, met het touw in haar hand. En opeens... O jee, daar komt een rukwind. En de vlieger doet zo gek. Hij tuimelt een eind naar benee.

En hij komt in een boom terecht.

'O, kijk,' zegt Jip. 'Hij zit vlakbij het vogelnest.' 'Ja,' zegt Janneke. 'Hij zit bijna in het vogelnest.'

'Die arme vogeltjes,' zegt Jip. 'Wat zullen ze schrikken.'

Dan moet vader er natuurlijk weer bij komen. Hij moet de vlieger weer naar beneden halen. Hij doet het met een ladder.

'Wat zeiden de vogeltjes?' vraagt Jip als vader terug is.

Ze zeiden: 'Piep, piep... wat is dat voor een gek gezicht...' lacht vader. 'Maar ik heb ze verteld dat het maar een vlieger is.'

En dan gaan Jip en Janneke weer verder met de vlieger.

Het schaap Veronica · Jarig

Zeg, zei het schaap Veronica, het is al kwart voor zeven
en ik ben jarig, dominee! Mag ik mijn bedje uit?
Nee, fluisterde de dominee... nee wacht nog maar heel even
u mag uw bed uit komen, als ik op mijn vingers fluit...

en even later... Fuuuu! de dominee floot op zijn vingers!
toen is het schaap Veronica de kamer in gegaan.
De hele kamer was versierd met bloemetjes en slingers,
de dames Groen die stonden met hun mooiste jurken aan.

En kijk, er lagen pakjes op een groengeruite deken...
Eerst even stilte... fluisterden de dames alle twee:
de dominee zal nu Een Enkel Woordje tot u spreken.
Beminde schaap Veronica, zo sprak de dominee,

mijn zwaar beminde schaap, er zijn zo van die ogenblikken
waarop ons hart wordt saamgeprangd door vreugd en niet door leed...
toen kon de dominee niet verder... hij begon te snikken
en droogde zijn gezicht af aan het kanten tafelkleed.

nu kwamen de cadeautjes: twee met bont gevoerde laarsjes...
een sprookjesboek, een ganzenbord en schaatsen en een sjaal...
en op de tafel stond een grote taart met zeven kaarsjes!
O, zei het schaap Veronica, wat prachtig allemaal!

Ziezo, zeiden de dames Groen, van hiep hiep hiep hoera!
lang zal ons schaapje leven in de gli gla gloria!

Ibbeltje · Muizen

MET TEKENINGEN VAN FIEP WESTENDORP

Ibbeltje verveelde zich zo! O, wat verveelde die Ibbeltje zich.

'Ga een beetje kraaltjes rijgen,' zei moeder.

'Of met je winkeltje spelen,' zei vader. 'Of een beetje heen en weer hollen op straat, of lekker touwtjespringen op het pleintje.'

'Maar vader, dat is het nou juist, dat mogen de kinderen niet meer,' riep moeder treurig uit. 'Je weet toch dat meneer Pinke-pank opperopzichter is geworden van de hele stad?'

'O ja, dat is waar ook,' zuchtte vader. 'Sinds meneer Pinkepank opperopzichter is gewor-den mogen de kinderen in deze stad niets meer. Het is verboden om te rennen, het is verboden om te springen of te schreeuwen of te spelen of te knikkeren... alle kinderen moeten netjes op een rijtje lopen.'

Niet meer hollen, niet meer draven,
niet meer spelen in 't plantsoen,
niet meer in de zandbak graven,
nooit meer haasje-over doen.
Netjes lopen op een rijtje,
keurig wandelen op de stoep,
ieder kind krijgt een pak ransel
als hij praat of als hij roept.

Zeg eens wat je daarvan vindt?
O, wat een leven.
Helemaal geen leven,
helemaal geen leven voor een kind!

'Bah!' tierde vader, 'die ellendige Pinke-pank... die schurkachtige...'

'Ssst, vader,' zei moeder, 'ik geloof dat hij daar juist aankomt.'

En jawel, daar kwam meneer Pinkepank binnen. Hij nam zijn hoed af en zei: 'Goeien-dag, hoe maakt u het?'

'Dat schikt nogal,' zei moeder koeltjes. 'Hoe gaat het met u?'

'Slecht,' zei meneer Pinkepank. 'Ik ben ten einde raad, ik weet niet meer wat ik doen moet.'

'Is 't werkelijk?' zei moeder. 'En ik dacht dat u erg in uw nopjes was. U bent toch op-peropzichter van de hele stad geworden?'

'Dat ben ik,' zei meneer Pinkepank. 'En ik ben een heel goeie opperopzichter, al zeg ik het zelf, want wat houd ik de stad rustig, hè? Geen kinderen meer die schreeuwen en dra-ven en hollen en spelen. Heerlijk!'

'Maar waarom bent u dan ten einde raad? Wat is er dan?'

'Muizen...' fluisterde meneer Pinkepank schichtig. 'Ik heb muizen. En niet zomaar een paar. Nee, tientallen, honderden, duizenden muizen zitten in mijn huis. In mijn keuken, in mijn koelkast, in mijn koffers en in mijn bed. Ze vallen zelfs in mijn soep.'

'Ha ha,' lachte Ibbeltje.

'Moet jij daarom lachen, stout kind,' riep meneer Pinkepank woedend. 'Lachen omdat ik muizen in mijn soep heb? Daar dan.' En hij gaf Ibbeltje een klap om de oren. Arme Ibbeltje barstte in tranen uit en moeder werd zo boos, zo verschrikkelijk boos op meneer Pinkepank dat ze hem een krab over zijn neus gaf.

'O, o, o,' riep meneer Pinkepank, 'u hebt mij gekrabd. Als een kat!'

'Juist meneer Pinkepank,' zei vader. 'U had het verdiend. En nu mijn huis uit!'

'Maar ik kwam u iets vragen,' klaagde meneer Pinkepank. 'Ik kwam u vragen of ik uw twee katten een poosje mag lenen. Tegen de muizen.'

'Het spijt me,' zei vader, 'maar wij lenen onze katten niet uit. Dag meneer!'

Daar ging meneer Pinkepank. Maar voor hij wegging riep hij nog woedend: 'Ik zal u aanklagen wegens krabben van een ambtenaar in functie!'

'Hij is weg,' zei Ibbeltje met een zucht.

'Mauw mauw,' riepen Rosencrantz en Guildenstern, terwijl ze de kamer binnenholden.

'Hebben jullie nieuws, katten?' vroeg moeder. 'Vertel maar op!'

De katten hadden heel veel te vertellen. Ze vielen elkaar voortdurend in de rede en struikelden over hun kattenwoorden.

'Zo zo,' zei moeder, 'wel wel, tjonge jonge.'

'Wat zeggen de katten, moeder?'

'Nou,' zei moeder, 'ze zeggen dat er in de hele stad muizen zijn. Bij de kruidenier hebben ze al vier hele kazen opgegeten en zes zakken meel. En in het postkantoor hebben ze de hele post opgegeten, zelfs de aangetekende. En overal duizenden muizen, in alle winkels, in alle huizen.'

Ze komen in de keukenkast bij troepen,
ze eten van de pindakaas,
ze zitten van de appelstroop te snoepen,
ze eten hele ponden speculaas,
ze kruipen in je ondergoed en in de boterpot,
ze knagen de gordijnen en de hele boel kapot.

Ze zitten bij de slager, bij de bakker,
ze zitten in het postkantoor,
de mensen liggen hele nachten wakker,
ze kruipen in je bed en in je oor.
Ze zitten in de linnenkast en eten zelfs katoen,
ze eten van de hagelslag, wat moet je d'r aan doen?
Muizen,
muizen,
muizen... rrrrrrt... in alle huizen.

'En waar zouden al die muizen toch vandaan komen?' riep vader. 'Heb jij enig idee, moeder?'

Maar moeder antwoordde niet, want er werd gebeld en toen Ibbeltje opendeed zag ze de burgemeester op de stoep staan. En o, wat zag hij eruit. Zijn hoed was vol heel grote gaten en er zaten rafels aan zijn jas.

'Komt u binnen,' riepen vader en moeder. 'O, burgemeester wat ziet u er bezórgd uit!'

'Ik ben ook bezorgd,' zei de burgemeester. 'Ik ben zéér bezorgd.'

'Dat komt zeker door de... door de muizen?' fluisterde vader.

'Inderdaad,' zei de burgemeester. 'Ze hebben mijn nieuwe hoed opgegeten en de lever van mijn vrouw.'

'De lever van mevrouw, uw vrouw?' riep vader verschrikt. 'Heeft zij geen lever meer?'

'De kalfslever bedoel ik,' zei de burgemeester. 'Evengoed ook erg. En nu kwam ik dus eens langs om aan u raad te vragen, lieve moeder Verharen. U bent zo'n wijze vrouw. Weet u niet een middeltje om van de muizen af te komen? Ik loof een prijs uit voor degene die de muizen in de hele stad laat verdwijnen.'

Moeder glimlachte bescheiden en bloosde. 'Zeker,' zei ze, 'ik kan zorgen dat er binnen het uur geen muis meer is in de hele stad.'

'Wat knap van u,' zei de burgemeester vol bewondering. 'Dan krijgt u de prijs.'

'O nee,' zei moeder, 'ik hoef geen prijs, maar er is wel iets anders wat ik graag wou.'

'Zeg het maar, zeg het maar,' riep de goede burgemeester. 'Alles wat u wilt. Als we maar van die muizen verlost worden.'

'Nou,' zei moeder, 'ik wens dat de opperopzichter van de stad, meneer Pinkepank, ontslagen wordt.'

'Tja,' zei de burgemeester en hij keek bedenkelijk. 'Dát is moeilijk, hoor! Want er is niets op hem aan te merken. De stad is zo keurig zonder kinderen, vindt u niet?'

'De stad is afschuwelijk zonder kinderen,' riep moeder verontwaardigd. 'Ze kunnen nergens spelen. En daarom: een andere opperopzichter.'

'Tja,' zei de burgemeester weer. 'En als ik dat niet doe?'

'Dan blijven de muizen,' zei moeder beslist.

'Hm... akkoord, goed, u krijgt uw zin. Dag moeder Verharen.' En de burgemeester nam zijn hoed vol gaten beleefd af en verdween.

'Rosencrantz en Guildenstern!' riep moeder. 'Kom eens gauw, luister eens, roep alle katten uit de buurt bij elkaar. Wat zeg je, staan ze al klaar op straat? Goed, dan zal ik ze toespreken.'

Vader, moeder en Ibbeltje gingen op de stoep staan. Uit alle hoekjes en uit alle portieken en uit alle steegjes kwamen de katten. Dikke en dunne en rode en zwarte en grijze en Siamese en angora en lapjes en ook hele kleintjes.

'Katten!' zei moeder. 'Gij weet wat u te doen staat. Binnen tien minuten de hele stad zónder muizen.'

'Miauw miauw rauw rauw...' Een ontzettend en machtig en afschuwelijk gemauw barstte los uit de kattenmenigte en het grote leger katten verspreidde zich. Ze renden door de straten, ze slopen door de stegen, ze drongen binnen in het stadhuis, in het postkantoor en in alle winkels. Ze joegen de muizen weg bij de melkboer en bij de kruidenier, ze klommen op de zolders en doken in de kelders en overal, overal vluchtten de muizen met rissen en rissen... verdwenen in de kieren van de vloeren, achter schoorstenen, in de putjes van de straten en in de holletjes achter het behang.

Het duurde elf minuten en toen was er geen muis meer in de stad.

De burgemeester en zijn vrouw kwamen ontroerd bij moeder om haar te danken en de hand te schudden. Alle mensen waren blij en dansten. Maar het gelukkigst waren de kinderen. Want nu meneer Pinkepank geen opperopzichter meer was, mochten de kinderen weer buiten spelen. Ze mochten weer ravotten en schreeuwen en Ibbeltje mocht weer touwtjespringen en knikkeren en haasje-over doen, zoveel als ze wou.

'Maar één ding begrijp ik niet goed,' zei vader peinzend. 'Hoe komt het toch dat de katten niet eerder achter de muizen zijn aan gegaan? Waarom hebben ze niet eerder op muizen gejaagd? Begrijp jij dat, moeder?'

Moeder keek een beetje beschaamd en kreeg een kleur. 'Ik geloof dat ik het je maar zeggen moet, vader: ik heb eerst de katten verbóden muizen te vangen.'

'Heb jij dat gedaan?' vroeg vader. 'O moeder, wat ondeugend van je.'

'Ja,' zei moeder, 'maar ik moest toch een list verzinnen, is 't niet zo? Toen de kinderen niet meer op straat mochten, toen heb ik gezegd tegen de katten: vang geen muizen meer! Vandaar dat er zoveel muizen kwamen. Maar vertel het niet verder, hoor!'

'Ik zal het nooit aan iemand vertellen,' zei vader. 'Maar o, moeder, wat ben je af en toe toch nog een echte kat!'

Pippeloentje · Eitjes

MET EEN TEKENING VAN HARRIE GEELEN

Ben jij al zo vroeg uit bed,
Pippeloentje, Pippeloentje?
Ben jij al zo vroeg uit bed?
'k Heb mijn wekkertje gezet,
'k ben om vier uur opgestaan,
'k heb mijn ruiten jasje aan
en ik ga in alle hoeken
eitjes zoeken, eitjes zoeken.

Alle vogels roepen: Zeg!
Pippeloentje, Pippeloentje.
Alle vogels roepen: Zeg!
Blijf van onze nestjes weg!
Wou jij onze eitjes stelen?
Ga toch met je vriendjes spelen!
Anders, Pippeloentje, heus,
pikken wij je in je neus!

O, hij heeft het tóch gedaan,
Pippeloentje, Pippeloentje.
O, hij heeft het toch gedaan
en je ziet hem hoger gaan...
Maar o wee, daar breekt een tak!
Boem, daar valt hij met een smak!

En hij moet naar huis toe hinken.
Goed zo! roepen al de vinken.
Lekker! roepen al de mussen.
Pippeloen gaat ondertussen
treurig, treurig, met zijn pet
weer naar huis
en weer naar
bed.

Naar Zwoerdjesland

MET EEN TEKENING VAN MARTIJN VAN DER LINDEN

Alle kindertjes van Snort
mogen in de muizenford,
met z'n tienen, met z'n tienen
in de muizen-limousine!
Vader zegt, om te beginnen:
Kinderen, hou je staarten binnen.
Alle kinderen roepen: Moe!
waar gaan wij vandaag naar toe?
Piep, zegt moeder, nou je 't zegt:
niet naar de Veluwe, niet naar de Vecht,
niet naar het bos en niet naar het strand,
wij gaan naar het Zwoerdjesland!
Waar het spek aan de bomen groeit,
waar de Leidse Kaasboom bloeit,
waar de straten en het plein
helemaal van zwoerdjes zijn.
Ieder huis en ieder hek
is van boterhammenspek,
en daartussen bruist een stroom
niet van modder, maar van room!

O, wat kan ik ernaar verlangen
om met m'n staart in de room te hangen!
Rijen pa! Pas op die paal!
Vader drukt op 't gaspedaal...
dan opeens een reuzeknal!

Piep, piep, piep, daar heb je 't al!
Midden op de grote weg,
hebben de muizen bandenpech.
Later als het donker wordt
slepen ze de muizenford
heel verdrietig weer naar huis.
Pech gehad, zegt vader Muis.

Moeder Snort zegt: Lieve kinderen,
't mag niet hinderen, 't mag niet hinderen,
morgen – met een nieuwe band –
gaan we toch naar Zwoerdjesland!

Minoes · Kattenpersdienst

MET EEN TEKENING VAN CARL HOLLANDER

'Ga zitten, Tibbe,' zei de hoofdredacteur.

Tibbe ging zitten. Het was precies een week geleden dat hij ook op deze stoel zat, knipperend tegen het licht. Toen was het een heel akelig gesprek geweest. Nu was het anders.

'Ik weet niet wat er met je gebeurd is,' zei de baas. 'Maar je bent wel erg veranderd, Tibbe. De vorige week had ik je bijna de deur uit getrapt, weet je dat? Ik wou je ontslaan, jazeker. Enfin, dat heb je wel gemerkt. Die éne kans wou ik je nog geven. En kijk eens aan! In die ene week kom je met allerlei interessante nieuwtjes aandragen. Jij was de eerste die het wist van meneer Smit en zijn jubileum. En jij was de eerste die iets wist van het nieuwe zwembad. Dat was nog geheim. En *toch* ben jij erachter gekomen... ik heb me afgevraagd: *hoe* kwam jij dat te weten?'

'Tjaa...' zei Tibbe. 'Ik heb eens gepraat met deze en gene.'

Die 'deze en gene' was enkel Minoes geweest. En Minoes had het van de Gemeentepoes, die altijd de geheime zittingen van de Raad bijwoonde op het Stadhuis.

'En dat stukje over die *vondst* bij de kerk,' zei de baas. 'Een pot met oude munten gevonden in de kerktuin! Weer was jij er als de kippen bij. Weer was jij de eerste.'

Tibbe glimlachte bescheiden. Het was een dochter van de Jakkepoes die met dit bericht was aangekomen. Het was de Kerkpoes Eukemeentje geweest. En zij was het zelf, die de pot oude munten had gevonden toen ze krabde in de kerktuin om eenvoudige toiletredenen. Tibbe was meteen naar de koster gelopen om het te vertellen. En hij had er dadelijk een stukje over geschreven.

'Ga zo door Tibbe,' zei de baas. 'Blijkbaar ben je nu helemaal over je verlegenheid heen.'

Tibbe kreeg een kleur. Het was niet waar... helaas. Hij was nog net zo verlegen als vroeger. Alle nieuwtjes kwamen van de katten en hij hoefde ze enkel maar op te schrijven. Hoewel... nee, vaak moest hij wel even controleren of het allemaal *waar* was wat de katten vertelden. Maar dat lukte meestal met een enkel telefoontje: '...ik heb gehoord, meneer, dat er dit of dat, of zus en zo... Is dat waar?' Tot nu toe was het altijd waar geweest. De katten hadden niet gelogen.

Er waren ook zo vreselijk veel katten in Killendoorn. Ieder gebouw had er een of meer. Nu, op dit moment, zat er een in de vensterbank van deze kamer.

Het was de Redactiekat. Hij knipoogde tegen Tibbe.

Die kat luistert alles af, dacht Tibbe. Ik hoop niet dat hij lelijke dingen over me vertelt.

'En ik dacht er dus over...' zei de hoofdredacteur, 'om je aan het eind van de maand wat meer salaris te geven.'

'Dank u wel, fijn meneer,' zei Tibbe. Tersluiks keek hij even naar de Redactiekat en voelde dat hij alweer bloosde. De kat had iets van koude minachting in z'n blik. Waarschijnlijk vond hij Tibbe veel te onderdanig en te kruiperig.

Even later op straat, waar de zon scheen, had Tibbe alleen nog maar de neiging om te hollen en te huppelen, zo opgelucht voelde hij zich.

En hij riep hard 'hallo', toen hij een bekende tegenkwam.

Het was Bibi, een klein meisje dat in de buurt woonde en wel eens bij hem op visite kwam.

'Wil je een ijsje?' vroeg Tibbe. 'Kom mee, dan krijg je een heel groot ijsje van me.'

Bibi zat op school bij meneer Smit en ze vertelde hem dat er een tekenwedstrijd was en dat zij van plan was een grote prent te maken.

'Wat ga je tekenen?' vroeg Tibbe.

'Een poes,' zei Bibi.

'Hou je van katten?'

'Ik hou van alle beesten.' Ze likte aan haar grote roze ijsje.

'Als je de tekening af hebt kom 'm dan maar eens laten kijken,' zei Tibbe en hij ging naar huis.

Het was nu een week dat juffrouw Minoes bij hem op zolder woonde en alles bij elkaar genomen viel het best mee. Eigenlijk kwam het erop neer dat hij twee katten had in plaats van een.

Minoes sliep in de doos. En ze sliep meestal overdag. 's Nachts ging ze door het keukenraam naar buiten, het dak op. Dan zwierf ze over de daken en door de achtertuintjes, ze sprak met de vele katten in de omtrek en pas tegen de ochtend kwam ze thuis en ging haar doos in.

Het belangrijkste was dat ze voor nieuws zorgde. De eerste dagen was het Fluf geweest die ijverig speurde naar nieuwtjes. Maar Fluf was geen echte nieuwskat.

Hij kwam meestal met roddelpraatjes over

185

kattengevechten, over een rat in het havenkwartier of over een haringkop die hij ergens had gevonden. Hij bemoeide zich zelden met mensengeruchten.

Nee, de grote bron van al het nieuws was de Jakkepoes. Zij wist alles.

Dat kwam vooral omdat ze een zwerfkat was en soepvlees wegkaapte bij alle lagen van de bevolking. En omdat ze een uitgebreide familie had.

Overal in de stad woonden kinderen en kleinkinderen van de Jakkepoes.

's Nachts ontmoette Minoes haar op het dak van de Verzekeringsbank en elke keer bracht ze een plastic zakje vis voor haar mee.

'Bedankt,' zei de Jakkepoes dan. 'Mijn dochter, de Gemeentepoes, wacht op je bij het Stadhuis. Ze zit op een van de stenen leeuwen aan de voorkant en ze heeft een nieuwtje voor je...'

Of: 'De kat van de slager wou je iets vertellen. Hij zit in de derde tuin links, vanaf de kastanje...'

Nog dezelfde nacht ging Minoes dan langs de brandtrap van de Verzekeringsbank naar beneden, sloop over een binnenplaatsje en kwam door een achterpoortje in een steeg. En vandaaruit naar de afgesproken plek waar een of andere kat zat te wachten.

'Binnenkort,' zei de Jakkepoes, 'zullen we op een andere plek bij elkaar moeten komen. Ik voel dat mijn jonkies over een paar dagen geboren zullen worden en dan moet ik bij die kleine mispunten blijven en kan niet aldoor het dak op. Maar dat hindert niet, de doorgeefdienst blijft bestaan. Alle katten zijn ingelicht. Ze weten allemaal dat je baas op nieuws zit te wachten en ze letten goed op. Ze luisteren en ze loeren overal. De een geeft het door aan de ander.'

'Waar wil je je jonkies krijgen?' vroeg Minoes. 'Heb je een geschikte plek?'

'Nog niet,' zei de Jakkepoes. 'Maar ik vind wel wat.'

'Kun je niet bij ons komen? Op de zolder?'

'Geen kwestie van!' riep de Jakkepoes. 'Vrijheid blijheid! Zeur niet zo!'

'Mijn baas is erg aardig,' zei Minoes.

'Dat weet ik. Hij is een goed mens, voor zover mensen goed kunnen zijn... maar ik hou nou eenmaal niet van het soort. Zolang ze kind zijn gaat het nog... soms... Ken je Bibi?'

'Nee.'

'Ze tekent me,' zei de Jakkepoes. 'Ze tekent me uit! En zoals ik nu ben, met m'n dikke buik, vindt ze me mooi! Is dat iets om over na te denken? Maar goed, ik zal je laten weten waar ik zit als het zover is. Ergens in de stad, ergens dicht bij een radio.'

'Waarom dicht bij een radio?'

'Kinderen krijgen doe ik het liefst met achtergrondmuziek,' zei de Jakkepoes. 'Het gaat makkelijker. En vrolijker. Denk daar zelf eens aan als het je mocht overkomen.'

Als Minoes thuiskwam met een of ander nieuwtje en vertelde hoe ze eraan kwam, riep Tibbe: 'Wat een organisatie! De een geeft het door aan de ander... het is een soort kattenpersdienst.'

'Ik weet niet of ik dat een leuk woord vind,' zei Minoes weifelend. 'Kattenpers... het doet me denken aan vruchtenpers. Uitgeknepen kat.'

'Geen kattenpers-dienst,' zei Tibbe. 'Een kattenPersdienst.'

Voor hem betekende deze regeling een redding. Het ging hem uitstekend.

Soms, als hij binnenkwam, vond hij Minoes in een hoekje van de zolder. Dan zat ze doodstil te turen naar een gaatje helemaal onder in de muur, vlak boven de vloer.

'Juffrouw Minoes! Alweer iets wat u moet

afleren! Wachten voor een muizengat! Dat doet een dame niet.'

Ze stond op en gaf hem vleierig een kopje.

'Ook dat is onjuist,' zei Tibbe met een zucht. 'Een juffrouw geeft geen kopje. Hoogstens een kopje thee. Ik wou zo graag dat u al die kattige dingen afleerde.'

'Kattig is geen goed woord,' zei Minoes. 'Het heet *kats*.'

'Goed, kats dan. Maar ik heb het gevoel dat u aldoor katser en katser wordt. Het zou veel beter zijn als u wat meer met mensen in aanraking kwam. En niet alleen met katten. U moet eens wat minder op het dak en wat meer op straat, overdag.'

'Dat durf ik niet, meneer Tibbe. Ik ben bang voor mensen.'

'Onzin, wie is er nou bang voor mensen!'

Ze keek hem even aan met haar scheve ogen en draaide zich verlegen om.

Hoe kan ik zoiets zeggen, dacht hij. Terwijl ik zelf zo schuw ben en zo bang. En ook het liefst enkel met katten zou omgaan.

Maar hij besloot streng te blijven.

'Wat zie ik nu weer!' riep hij.

Minoes zat zich te wassen. Ze likte aan haar pols en wreef met de natte pols achter haar oortje.

'Dat is het toppunt! Bah!' schreeuwde Tibbe.

'Het is alleen maar...' stamelde Minoes, 'omdat ik hoop dat het vlugger zal gaan.'

'Dat wat vlugger zal gaan? Het wassen?'

'Nee, dat gaat vlugger onder de douche. Maar het katworden. Ik heb altijd nog de hoop dat... ik wou toch maar liever poes wezen.'

Tibbe liet zich op de bank vallen.

'Luister,' zei hij. 'Ik wou dat u ophield met die nonsens. U bent nooit poes geweest, dat is verbeelding, u hebt het gedroomd.'

Ze zweeg.

'Heus,' ging Tibbe door. 'Allemaal onzin.'

Minoes geeuwde en stond op.

'Wat gaat u doen?'

'Ik ga in mijn doos,' zei ze.

Fluf kronkelde zich om haar benen en samen met de grijze kat ging ze naar de hoek van de zolder waar haar doos stond.

Tibbe riep haar boos achterna: 'Als u dan een poes was... van *wie* was u dan de poes?'

Er kwam geen antwoord. Hij hoorde een zacht spinnerig gemauw. Een gesprek in het kats. Twee pratende katten achter het zolderschot.

Betje en Hommertje

MET EEN TEKENING VAN SYLVIA WEVE

Betje stond in de soep te roeren en Hommertje zou een worstje halen voor de soep.

Hij ging naar de slager, kocht het worstje, deed het in het boodschappenmandje en ging naar huis. Maar onderweg kwam er een hond en kaapte, hap, het worstje van Hommertje weg.

Halt, stop, houd de dief... schreeuwde Hommertje en rende de hond achterna.

Maar de hond liep en liep en liep, met het worstje in de bek, de ene stad uit en de andere stad in en Hommertje kon hem niet pakken.

Betje stond in de soep te roeren en Hommertje kwam maar niet thuis. En de hond liep en liep, met het worstje in de bek, het ene land in en het andere land uit en Hommertje kon hem niet pakken. En het duurde een week en het duurde een maand en het duurde een jaar en Betje stond in de soep te roeren en Hommertje kwam maar niet thuis. En de hond liep en liep en liep, de hele wereld rond en Hommertje kon hem niet pakken, totdat ze de wereld helemaal om waren gelopen en weer op hetzelfde plaatsje waren aangekomen.

Toen pakte Hommertje, hoep, de hond bij

De katten

zijn staart en nam het worstje af. Hij ging naar huis. Betje stond in de soep te roeren, maar ze was een oud vrouwtje geworden en Hommertje was een oud mannetje geworden.

Wat ben je lang weggebleven, Hommertje, zei Betje.

Och ja, Betje, zei Hommertje.

Toen deden ze het worstje in de soep en gingen eten.

Dit was het verhaal van Betje en Hommertje en als je 't niet geloven wil, moet je 't maar laten.

Ringel rangel ronde,
de katten gaan naar Londen,
de katten gaan naar Engeland,
het stond vanavond in de krant,
ringel rangel ruis
en de honden blijven thuis.

Waar zullen ze wonen? In Engelse huizen.
Wat zullen ze eten? Engelse muizen
en Engelse worst van een Engels bord
en Engelse pap van een Engelse Lord
en Engelse vis
van een Engelse miss
en die katten zullen hun verdere leven
in 't Engels mauwen en kopjes geven.

Ringel rangel ronde,
de katten gaan naar Londen,
de katten gaan naar Engeland,
met anjelieren in hun hand,
ringel rangel ree
en de honden gaan níet mee.

De pannenkoekenwedstrijd

MET EEN TEKENING VAN JAN JUTTE

Er waren in het dorp twee juffrouwen, die hele lekkere pannenkoeken konden bakken, dat waren juffrouw Pins en juffrouw Dorregans. De een bakte ze op woensdag en de andere op zaterdag. Dan kwamen de mensen voorbij hun huisje, staken de neuzen in de lucht en zeiden: Mmmmm! Meestal gingen ze naar binnen en zeiden: Mooi weer vandaag, juffrouw Pins, en juffrouw Pins zei: Gaat u maar zitten, dan krijgt u een pannenkoek. En zo ging het bij juffrouw Dorregans ook. Nu was er in het dorp een burgemeester, die veel van grapjes hield en bovendien veel van pannenkoeken. Om beurten ging hij bij de twee juffrouwen pannenkoeken eten. Het grappige was dan dat hij bij juffrouw Pins zei: Heerlijk, werkelijk heerlijk, alleen de pannenkoeken van juffrouw Dorregans zijn iets vetter, als ik het zo zeggen mag. Dan voelde juffrouw Pins zich erg gekrenkt en het grappige was, dat de burgemeester bij juffrouw Dorregans zei: Hmm, de pannenkoeken van juffrouw Pins zijn iets geuriger!

Zo ging het een hele tijd lang en de juffrouwen bakten en bakten tegen de klippen op en altijd kwam er de burgemeester, die het bij de ene lekkerder vond dan bij de andere en bij de andere lekkerder dan bij de ene.

Eindelijk zei juffrouw Pins tegen de burgemeester: Edelachtbare, wat zou u ervan zeggen, als we eens een wedstrijd hielden in het koeken-bakken. Wie het 't vlugste kan, en wie het 't lekkerste kan.

Dat is een prima idee, zei de burgemeester, ik zal direct mijn wethouders bij elkaar roepen. De wethouders vonden het ook een uitmuntend plan. Er werd een jury gevormd, weet je wel, dat is een paar-mensen-bij-elkaar-die-uitmaken-wie-het-wint, en op de 23e juli zou de wedstrijd worden gehouden. (Heb je 't nog niet in de krant gelezen? Nee? Dan lees je het nu.)

De burgemeester en de wethouders zaten allemaal in de jury en om zeven uur 's avonds zou het beginnen.

In de grote raadzaal van het stadhuis waren twee fornuizen opgesteld, en juffrouw Pins en juffrouw Dorregans, met schone schorten aan, stonden er voor, ieder met een pan en een teil vol beslag. Om zeven uur drie minuten riep de burgemeester: Klaar? Af! en daar begon het.

Twee enorme schalen stonden op de vergadertafel. Bij de ene stond een bordje: Koeken van mej. P., bij de andere: Koeken van mej. D. Daar werden de koeken opgelegd en de jury begon te eten. Het was zo lekker en het was zo veel. Ze aten en ze aten en ze aten, dan weer van het ene bord en dan weer van het andere. Eén keer was de suiker op; de burgemeester holde naar zijn vrouw om suiker te halen, maar zei eerst tegen de jury: Wachten met eten, tot ik terug ben!

De jury gaf voor iedere pannenkoek punten: 10 was het toppunt van lekker, en 0 was natuurlijk afschuwelijk, maar de koeken kregen allemaal een tien.

Er was een jongeman, die op een groot vel papier de punten moest aantekenen, en bovendien bijhield, hoeveel koeken de een en hoeveel koeken de ander had gebakken. De arme jongeman mocht zelf niet mee-eten, en daar werd hij zo balorig van, dat hij telkens vergat te tellen, en maar zat te snuiven en te watertanden. Toen ieder lid van de jury ongeveer vijfenveertig pannenkoeken op had, was het negen uur. Nu waren ze uitgeput, ze konden niet meer en alle wethouders moesten naar huis worden gedragen.

De burgemeester ging in zijn ambtszetel zitten met een dikke buik. Hij haalde twee zilveren medailles te voorschijn en nam het papier aan van de jongeman, die de aantekeningen had gemaakt. Nu, uit dat papier kon hij niet wijs worden, er stonden alleen maar een paar woedende krassen op. Wat betekent dit, zei de burgemeester tot de jongeman, maar ook die was weg. Hij was weggelopen en had het restje van de pannenkoeken onder zijn arm meegenomen.

De burgemeester wendde zich tot de twee vuurrode juffrouwen en zei amechtig:

U hebt allebei gewonnen. U bakt alle twee de heerlijkste pannenkoeken, die er bestaan op aarde. Sta mij toe dat ik u beiden het eremetaal op de borst speld, maar zet u dan gauw het raam open en gaat u astublieft weg, want ik kan geen pannenkoek meer ruiken!

Dat zei de burgemeester en juffrouw Pins en juffrouw Dorregans waren zeer ontroerd over deze fraaie toespraak, ze schudden elkaar de hand en gingen met hun zilveren medailles naar huis.

Ze zullen nu wel weer iedere woensdag en iedere zaterdag pannenkoeken bakken, maar de burgemeester is van plan om de eerste tijd niet te gaan, zei hij gisteren. Dat was ook alles wat hij nog zeggen kon.

Jorrie en Snorrie

MET TEKENINGEN VAN FIEP WESTENDORP

De conducteur heette Bert maar iedereen noemde hem Snorrie, behalve zijn moeder die zei: 'Ach Bert, jongen, trek je er maar niets van aan dat ze je uitlachen om je snor.'

'Uitlachen?' riep Snorrie. 'Ze lachen me helemaal niet uit. Ze zijn jaloers. En wat vind je van m'n nieuwe jasje?'

'Schitterend,' zei z'n moeder. 'Je bent nu hoofdconducteur geworden. Met dat jasje en die snor word je nog eens directeur van de spoorwegen. En straks mag je de nieuwe trein laten vertrekken naar het buitenland.'

'Niet alleen laten vertrekken, maar ook meerijden,' zei Snorrie. 'Het is een feesttrein, daarom heet ie ook de jubeltrein, die precies op tijd moet vertrekken en precies op tijd moet aankomen. Er gaan ook twee ministers mee.'

'O ja?' zei z'n moeder. 'Zul je beleefd zijn tegen die heren?'

'Het zijn alle twee dames,' zei Snorrie. 'En bovendien is er nog een belangrijke passagier. Een president.'

'Een president van wat?'

'Van een land... wacht even... nou weet ik weer de naam niet meer, een heel ver land met een hele rare naam.'

'En wat moet ie in jouw trein?'

'Kijken hoe hier de spoorwegen werken. Hij heeft een hele zwik lijfwachten en een tolk bij zich. En ze hebben allemaal snorren nog groter dan de mijne.'

'Heb je ze dan al gezien?'

'Ja, want gisteren kwamen ze het station bekijken. Nu moet ik weg. Tot gauw.'

'Goeie reis dan,' riep z'n moeder. En ze zwaaide hem na van haar balkonnetje.

Op het perron stond de trein klaar. De passagiers waren al ingestapt, ook de twee ministers, de minister van verkeer en de minister van milieu. Ze zaten voor een raam en wachtten op het vertrek.

'Wat een feestelijke dag voor jou, Vera,' zei de minister van milieu.

'Absoluut een jubeldag, Millie,' zei de minister van verkeer.

'En wat geweldig dat de president van Kenditsjistan aan boord is,' zei Millie.

'Het is niet Kenditsjistan,' zei Vera. 'Het is Kandatsjistan.'

'Ik geloof dat je je vergist, Vera.'

'Ik ben er zeker van dat ik me niet vergis, Millie.'

Een eindje verder zat de president met enkele leden van zijn gevolg. Ze hadden machtige snorren en praatten gedempt met elkaar in het Kandoetsjistaans, want Vera en Millie hadden het allebei mis. Het was Kandoetsjistan.

Op het perron stonden heel wat. mensen die gekomen waren om de feesttrein te zien

vertrekken. Er waren ook een paar mensen van de pers en er stond een klein meisje, Jorrie. Ze wilde haar tante goeiendag zeggen. Tante Maps was chef van de restauratiewagen in de jubeltrein en ze kwam nog even naar buiten op het perron om Jorrie een zoen te geven.

'Stel je voor, Jorrie, straks krijgt iedereen in de trein champagne,' zei ze. 'En natuurlijk ook koffie en warme broodjes. Ik heb gevraagd wat er eerst moet worden geserveerd, de koffie of de champagne, maar ze zeiden dat iedereen alles meteen mocht.'

'Wat jammer dat ik niet mee mag,' zei Jorrie. 'Kun je me niet stiekem meenemen, tante Maps?'

'Nee kind, jammer genoeg kan dat niet.'

'Ik zou ook niet kunnen,' zei Jorrie. 'Ik moet naar school. En ik moet ook nog even gaan kijken of de egeltjes niet zijn weggelopen.'

'O ja, dat is waar ook,' zei tante Maps. 'Jij helpt mee met de egelbrigade. Egeltjes in veiligheid brengen omdat er zoveel worden platgereden op de snelweg. Hoeveel had je er bij elkaar? En waar heb je ze gebracht?'

'Op dat veldje hier vlak bij de spoorbaan,' zei Jorrie. 'We hadden er tien.'

'Pas maar op dat ze niet weglopen.'

'Er staat een muurtje omheen,' zei Jorrie. 'Maar ik zal nog 's gaan kijken of er niet een gat in die muur zit. Want als ze ontsnappen...'

'Ja ja,' zei tante Maps. 'Ik moet nu instappen. Dag kind.'

Omdat het een bijzondere feesttrein was, een jubeltrein, had Snorrie EN een spiegelei EN een fluit. Als hij het sein had gegeven moest hij zelf instappen en met zijn heel speciale sleutel alle deuren sluiten. Dat was dan voor de bestuurder het teken om te vertrekken.

Nu was het zover. Precies op de seconde elf uur.

Snorrie hief zijn spiegelei en bracht de fluit naar z'n mond...

MAAR... een klein meisje greep hem bij z'n arm en schreeuwde heel hard: 'NEE, NEE!'

Verbluft liet Snorrie z'n arm zakken.

'Wat is er? Wat doe je?' vroeg hij.

Ze klemde zich nu aan hem vast en hijgde: 'Stop! Er zitten dieren onder de trein.'

'Dieren?'

'Ze bewegen! Kijk dan zelf. Buk dan!' Het meisje trok hem mee en probeerde hem op z'n knieën te duwen. Hij werd boos en verzette zich. De trein was al een paar seconden over tijd. Hij wilde haar van zich afschudden maar ze keek zo wanhopig en gilde zo hard dat hij aarzelde. Toen bukte hij zich en samen doken ze onder de trein.

Met grote passen kwam de stationschef aanstappen.

'Snorrie! Wat heeft dit te betekenen,' riep hij. 'We zijn een halve minuut te laat.'

Snorrie wrong zich moeizaam van onder de trein en liet een diertje zien aan de chef.

'Wat is dat?'

'Een egeltje,' stamelde Snorrie.

'Een egeltje? Moet de trein vertraging krijgen door een egeltje?'

'Er zijn er meer,' zei Snorrie. 'Een heleboel.'

'Al waren het er honderd!' schreeuwde de chef. 'Geef dadelijk en onmiddellijk het sein tot vertrek.'

'OKEE,' zei Snorrie. 'Maar het kind ligt er nog onder.'

'Haal dan dat kind onder de trein vandaan!'

Snorrie dook weer onder de trein. Intussen had het gerucht zich verspreid onder de toeschouwers en de reizigers.

'Dieren onder de trein? Wat dan? Varkens? Honden? Wat zeg je? Egels? En moet de trein daarvoor blijven staan? En hoe komen egels onder een trein?'

Het was moeilijk voor Snorrie om het meisje weg te trekken. Ze verzamelde alle egeltjes en ze had haar broek uitgetrokken om ze daar in te wikkelen. Ze duwde Snorrie egels in de hand, die hij in z'n zakken stopte tot ze vol waren en hij z'n jasje uittrok om ze

daar in te wikkelen. Ze wriemelden en piepten en prikten vreselijk. Het was geen aangename ervaring.

'Kom mee,' siste hij tegen het kind, terwijl hij haar wegsleepte.

Toen hij haar eindelijk op het perron had schreeuwde ze: 'Er zitten er nog twee.' Ze ontweek zijn greep en dook opnieuw onder de trein.

De reizigers werden nu erg ongeduldig. De bestuurder boog zich uit z'n cabine naar buiten en riep: 'Komt er nog wat van?'

Op het perron stond een man van de pers

met een microfoon. Hij vroeg aan de minister van verkeer: 'Wat vindt u ervan dat de trein vertraging heeft omdat er een paar egels gered moeten worden?'

'Ik vind het volstrekt onverantwoordelijk,' zei de minister.

Daarna vroeg hij het aan de minister van milieu.

'Ach,' zei die. 'Eigenlijk ontroerend. Wat doen die paar minuten vertraging ertoe? Egels zijn belangrijker dan de klok.'

Hij vroeg het ook aan de president van Kandoetsjistan.

Die zei: 'WRRRADZ!'

De tolk vertaalde het: 'Hij zegt: onvoorstelbaar en ongelofelijk schandalig incident, dat waarschijnlijk aan sabotage is te danken en dat in zijn land nimmer zou kunnen plaatsvinden.'

De trein was nu al een halfuur te laat.

Toen het kind eindelijk weer op het perron stond snikte ze: 'Er zit er nog eentje tegen het wiel aan. Mag ik nog even terug?'

'Nee,' zei Snorrie.

'Eentje heb ik er nog onder uit gehaald. Er zit er nog maar een.'

'Je blijft hier,' zei Snorrie.

Ze zagen er allebei verschrikkelijk slordig uit. Het kind had alleen een slipje en een trui aan en zat vol zwarte vegen, maar voor haar hinderde dat niet. Snorries hemd was gescheurd, hij had een jas vol egels tegen zich aan geklemd, z'n pet lag onder de trein en ook hij zat vol zwarte vegen.

De chef pakte het spiegelei, griste Snorries

fluit weg en riep: 'Maak dat je wegkomt! Ga uit m'n ogen. Verdwijn voor ik ga slaan. Ik geef zelf het vertreksein. En de hulpconducteur... waar is ie? O, daar. De hulpconducteur zal je plaats in de trein overnemen. En nu: ingerukt mars.'

Snorrie liep met gebogen hoofd het station uit, z'n jas vol egeltjes. En naast hem liep het meisje met een broek vol egeltjes. Ze kon hem bijna niet bijhouden en ze hijgde: 'Ik heet Jorrie.'

'Zo,' zei Snorrie nijdig. 'Nou, je hebt me wel een grote dienst bewezen. Het kan me helemaal niet schelen hoe je heet, weet je dat? Je hebt alles bedorven door die rot-egels van je. Ik zou ze 't liefst allemaal in de plomp mieteren, weet je dat?'

'Ze komen van het veldje achter de spoorbaan,' zei Jorrie. 'Maar daar lopen ze weg. Dus kunnen we ze nu maar beter naar het bos brengen.'

'Bos? Welk bos?'

'Gewoon ergens een bos.'

'Er is hier geen bos in de buurt,' zei Snorrie. 'We zetten ze gewoon op straat.'

Hij zette er de pas in en Jorrie holde achter hem aan.

'Wat krijgen we nou?' riep Snorries moeder. 'Is er een ongeluk gebeurd? Wat zie je eruit! En wat heb je daar in je jas? En waarom ben je niet in de trein? HELP, beesten! Wat moet dat?'

Snorrie had z'n jasje losgemaakt en de egels rolden eruit. En ook de egels uit Jorries broek kropen nu over de vloer van moeders huiskamer.

'Het is maar voor even,' zei Snorrie. 'We

brengen ze straks wel weg. Naar een of ander bos of veld. Of anders over een paar dagen.'

'Een paar dagen? Ik mag helemaal geen huisdieren hebben hier in de verzorgingsflat.'

'Egels zijn geen huisdieren,' zei Snorrie. 'En dit hier is Jorrie, die de egels heeft ontdekt onder de trein.'

De arme egeltjes hadden zich allemaal opgerold en lagen als stekelige balletjes op moeders vaste vloerbedekking.

Snorries moeder zat schreiend in haar huiskamer en keek naar al die stekelige balletjes op haar vaste vloerbedekking. Ze begreep er absoluut niets van. Haar zoon, de hoofdconducteur die allang op reis had moeten zijn in de jubeltrein, was gescheurd binnengekomen met een vreemd kind, had een bende egels over haar heen gestort, had tegen haar gesnauwd en was als een gek weer weggedraafd. En daar zat ze nou.

Ze veegde haar tranen af en keek. De egels hadden zich nu ontrold en scharrelden een beetje rond.

Ach, dacht ze. Wat een lieve smoeltjes.

Wat eten egels? Insecten, maar die bezit ik niet. Zouden ze een schoteltje melk blieven?

En jawel, de egeltjes bliefden een schoteltje melk.

Drie kouwelijke mussen

MET TEKENINGEN VAN MARTIJN VAN DER LINDEN

Op de weg naar Hoenderloo
daar staat een boerenschuur,
met ouwe boerendeuren en
een ouwe boerenmuur,
een boerendak, een boerengoot
en net precies daartussen,
daar zaten eens drie hele, hele,
kouwelijke mussen.
De zon was weg en bleef ook weg
en kwam ook niet weerom.
De hagel viel van rikketik
en rommelebommelebom.

Toen zeiden de drie mussen
heel verdrietig tot elkaar:
Waar zou nu toch de zwaluw zijn?
Waar is de ooievaar?
Waar zou de kievit wezen
en waar bleef ineens de specht?
Ze hebben ons niet eens
behoorlijk goeiedag gezegd.

Woef, woef! riep toen de boerenhond
zo hard als hij maar kon,
die vogels trekken 's winters weg
naar 't zuiden, naar de zon.
Zo, zeiden toen die hele, hele,
kouwelijke mussen,
wij willen ook wel weg.

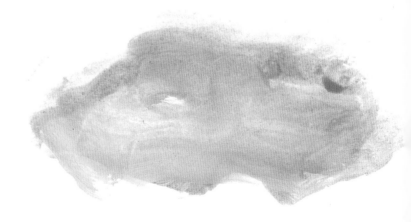

200

Op welke uren gaan de bussen?
Ach sukkels, zei de boerenhond,
doen jullie niet zo gek.
Doe net als andere vogels doen
en trek en trek en trek!

Toen kwamen zij in Umselo,
daar stond een boerenschuur
met ouwe boerendeuren en
een ouwe boerenmuur,
een boerendak, een boerengoot
en net precies daartussen
daar kropen de drie hele, hele,
kouwelijke mussen.

Ze zeggen: Verder gaan we niet,
al zal het hier wel lekken.
We hebben trek in zonneschijn
maar echt geen trek in trekken.

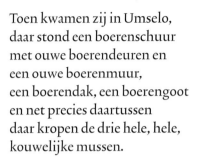

Toen namen zij hun schoentjes
en hun petjes en hun sjaaltjes
en trokken langs de wegen
en ze telden alle paaltjes,
ze telden alle paaltjes en
het waren er wel honderd.
Toen zeiden de drie mussen
heel bedroefd en erg verwonderd:
We zijn al honderd paaltjes ver en
't is nog altijd koud.
Zeg, zijn we op de goeie weg?
of lopen we nu fout?

Op visite bij de reus

MET EEN TEKENING VAN GERDA DENDOOVEN

Toen Jan bij de reus op visite was
in het reuzen-huis met het reuzen-terras,
toen zei de reus: Zo, ben je daar, Jan?
Hier is een stoel. Klim erop als je kan.
En Jan klom omhoog, langs de poot van de
    stoel
en dat was zó hoog. 't Was een ijzig gevoel.
En toen hij eindelijk boven kwam
zei de reus: En, wil je een boterham?
Klim dan op de tafel, langs 't tafellaken,
dan zal ik een boterham voor je maken.

En Jan klom langs 't tafellaken naar boven.
De reus had het bord al bijgeschoven.
Daarop lag een heeeeeeeeeele grote snee
    brood
van zeker drie vierkante meter groot;
zooooooo'n boterham. Het was een witte.
Je kon erop lopen. Je kon erop zitten!
Zeg, ga d'r 's af, zei de reus. Ga opzij!
Ik moet 'm nog smeren, dan mag je erbij.
En nou nog een bekertje melk. Da's gezond.
Jan wist niet dat er zo'n beker bestond.
Zo groot ongeveer als het zwembassin.
Pas op, zei de reus. Jongen, val er niet in.

Nou, Jan had zo'n honger; hij had niet
    ontbeten
en dit was een leuke manier om te eten,
als je over je boterham heen kunt lopen
en je hele been in de melk kunt dopen,
en hij zei: 't Is veel leuker dan thuis bij ons,
maar toen viel hij toch in de melk, met een
    plons.
O jee! zei de reus, en schaterde luid
en hij viste 'm met vinger en duim er weer uit.
Ja, ja, zei de reus. Kijk, dat heb je ervan!
Ga je maar bij het theelichtje drogen, Jan!
Het droogde heel vlug. Het duurde maar
    even.
Toen moest Jan naar huis, want het was al bij
    zeven.

Komaan, zei de reus, doe 't maar op je gemak.
Ik breng je tot vlak bij de brug; in mijn zak.
De reus bracht 'm thuis, tot vlak bij de brug
en zei: Nou, dag Jan, kom je gauw weer terug?
Bedankt hoor! Ik kom gauw weer 's an.
Da's goed, zei de reus. Dag m'n jongen, dag
    Jan!

De toren van Bemmelekom

MET EEN TEKENING VAN HARRIE GEELEN

In Bemmelekom, in Bemmelekom,
daar viel vandaag de toren om,
om vijf voor half negen.
De koster is aan het hollen gegaan
en als de koster dat niet had gedaan,
dan had hij warempel de torenhaan
nog op zijn kop gekregen.

Hoe is het gegaan? Hoe is het gegaan?
Er was toch geen storm en er was geen
  orkaan,
alleen maar een buitje regen.
Wat zeg je? Vanzelf? Och kom, och kom,
zo'n toren valt toch vanzelf niet om
en zeker niet die van Bemmelekom
om vijf voor half negen.

Maar zie je dat kleine jongetje staan?
Die heeft het gedaan! Die heeft het gedaan!
Die jongen z'n naam is Gerritje.
Hij schoot met z'n kattepult, rommelebom,
pardoes ineens die toren om,
die hele toren van Bemmelekom.
Hij deed het met een erretje.

Wat 'n ongeluk! Wat 'n ongeluk!
Daar is me die hele toren stuk,
van onderen en van boven!
Maar Gerritje zegt: Het was heus niet mijn
  schuld,
het ging zo vanzelf met die kattepult
en: of je hem niet verklappen zult...
Dat moeten we hem beloven.

Sssst... mondje toe!

De zoldermuizen op kaastrek

MET TEKENINGEN VAN MARTIJN VAN DER LINDEN

Op de zolder van het huisje Plaszicht woonde een grote muizenfamilie, de familie Piepert. Het was een zomerhuisje bij de plassen en de hele zomer hadden ze het er heerlijk gehad. Want er waren mensen, en waar mensen zijn is kaas.

Maar nu kwam de winter, de mensen hadden het huis in de steek gelaten, er was geen kaas meer, er was zelfs geen kruimeltje brood meer. Waar moest de familie Piepert van leven? Ze waren met hun eenendertigen. Vader, moeder en negenentwintig kinderen. Dat is wat. Ze wisten geen raad en liepen maar van de ene kant van de zolder naar de andere kant en aten een hele Genemuider mat op van de honger. Eindelijk zei de oudste muizejongen, hij heette Snorresjoerd:

Moeder, de vogels doen het veel beter: de ganzen en de zwaluwen en de ooievaars. Ze vliegen 's winters naar het zuiden en 's zomers komen ze weer terug. Kunnen wij ook niet gaan trekken, net als de vogels en terugkomen als er weer mensen zijn. Och, stil toch, domme jongen, zei moeder Piepen, die vogels kunnen vliegen, maar wij! Kun jij vliegen? Kan ik vliegen?

Maar vader Piepert, die ook geluisterd had, zei: Er zit toch wel iets in die opmerking van onze Snorresjoerd. 'k Heb altijd gezegd dat hij op mij lijkt en een pientere jongen is.

Als we dan niet vliegen kunnen, dan gaan we lopen. En we hoeven niet eens naar het zuiden. We kunnen ook naar het noorden, als er maar kaas is. En ik heb een gevoel, dat er in het noorden kaas is. Maak je gereed moeder, kinderen, we gaan op de muizentrek.

Nu, ze hadden niet veel mee te nemen, behalve hun staarten en die hadden ze altijd bij zich. En daar trok de familie Piepert, eenendertig muizen, groot en klein, het huisje Plaszicht uit. Snorresjoerd stak zijn staart in het water en toen in de lucht, om te voelen, hoe de wind was. Toen trokken ze naar het noorden. 't Viel niet mee voor muizen om van een warme zolder het veld in te trekken. De kleine Mietje kreeg het vreselijk koud en piepte. Ze kwamen een veldmuizenfamilie tegen: Hallo, komen jullie gezellig in ons hol? Maar vader Piepert riep terug: Dank je, goede vrienden, wij zijn zoldermuizen en

willen kaas. En vriendelijk wuivend liepen ze verder.

't Werd donker en het werd koud en guur. De allerkleinste muizen riepen: Vader, moeder we kunnen niet meer. En vader Piepert zei met tranen in zijn ogen: Nog even, kinderen, nog even, we zijn bijna bij het noorden.

En toen, opeens stond daar een grote boerenschuur. Ze trippelden alle eenendertig naar binnen en vonden daar een trap naar de vliering. Op die vliering lag stro en er lag graan en vader Piepert zei: Nu, kaas is hier weliswaar niet, maar er is in elk geval eten. Och, wat waren ze blij en wat aten ze veel. Ze zijn van plan om de hele winter op de vliering van die schuur te blijven, en in 't voorjaar dan gaat de familie Piepert weer terug naar het zomerverblijf. Het huisje met kaas, aan de plas.

Jip & Janneke · Poppejans gaat varen

MET EEN TEKENING VAN FIEP WESTENDORP

'Hier is een oude hoed. Speel daar maar mee,' zegt Jannekes moeder.

'Ha,' zegt Jip.

'Ha,' zegt Janneke.

Maar ze weten niet wat ze zullen doen met de hoed. Janneke zet hem op. Het staat gek.

'Het is net een schip,' zegt Jip.

'Een schip moet varen,' zegt Janneke. 'Ga je mee naar de schuur? Daar is een teil met water. Dat is de zee.'

Het gaat erg leuk. De hoed kan echt varen, net als een boot.

'Er moet iemand in,' zegt Janneke.

'De poes,' zegt Jip. En hij haalt de poes erbij. Maar poes wil niet in het schip. Poes is bang. Ze loopt hard weg.

'Poppejans,' zegt Janneke. 'Poppejans wil wel.'

En ja hoor. Poppejans is dol op varen. Ze zit in het schip, midden op zee.

'Nu komt er storm,' roept Jip. En hij maakt golven met zijn hand. Heel hoge golven.

'Het schip zinkt,' gilt Janneke.

Het is zo, heel langzaam zinkt het schip. En de arme Poppejans gaat mee.

Hoep, ineens kantelt de boot. Poppejans valt in het water.

'Help, help,' roept Janneke. En ze pakt het poppenkind bij haar jurk.

Gelukkig, ze is gered. Maar nat. Heel, heel, heel nat. Nu moet ze allemaal droge kleertjes aan.

'Toch is het fijn geweest,' zegt Janneke. 'Hè, Poppejans?'

Poppejans zegt niets. Ze vond het vast niet prettig. Maar ze laat het niet merken.

Ibbeltje · Oom Boudewijn

MET TEKENINGEN VAN FIEP WESTENDORP

Ibbeltje zat het oude fotoalbum te bekijken. Met al die portretten en al die foto's van vroeger. 'Wie is dit, vader?'

'Dat is mijn oude oom,' zei vader. 'Oom Albrecht.'

'En wie is deze kat?' vroeg Ibbeltje.

'Dat is mijn oom,' zei moeder. 'Mijn ooms en tantes waren allemaal katten. En mijn opa en oma waren katten. En dit is mijn oom Boudewijn.'

'Wat een mooie kat,' zei Ibbeltje. 'Leeft-ie nog?'

'Ik weet het niet,' zuchtte moeder. 'Ik heb nooit meer iets van hem gehoord.'

Hij was een van de dapperste katten
met een deftige witte bef,
hij ving eenenvijftig ratten.
Wat een lef! Wat een lef!
Oom Boudewijn, oom Boudewijn,
waar zou hij toch gebleven zijn?
Oom Boudewijn, oom Boudewijn...
Ik was toen nog zo klein.

Hij had prachtige witte snorren,
en een beeldige zwarte vacht,
hij zwierf altijd op de daken,
in de nacht, in de nacht.
Oom Boudewijn, oom Boudewijn,
waar zou hij toch gebleven zijn?
Oom Boudewijn, oom Boudewijn...
Zou hij in leven zijn?

'Mauw, mauw,' riepen Rosencrantz en Guildenstern, die stiekem hadden zitten luisteren.

'Wat zeggen ze, moeder? Wat zeggen de katten?'

'Ssst, laat ze even verder vertellen,' zei moeder en ze luisterde aandachtig naar het verhaal.

'O ja?' vroeg ze. 'Moet je horen, vader en Ibbeltje, ze zeggen dat de kat van de kapper er meer van weet. De kat van de kapper heeft mijn oom heel goed gekend, zeggen ze.'

'Wel,' zei vader. 'Ibbeltje moet toch geknipt worden. We gaan naar de kapper.'

'Juist,' zei moeder. 'En vader kan zich daar meteen laten scheren. En ik neem een permanent. Op naar de kapper.'

'Ik wil niet naar de kapper,' gilde Ibbeltje, die soms erg kinderachtig kon zijn.

'Opschieten,' zei vader. 'Het is al haast donker, straks is de kapper dicht.'

Maar ze waren nog mooi op tijd en de kapper zei heel beleefd: 'Scheren, meneer? En de jongedame moet geknipt? Uitstekend, en mevrouw een permanentje?'

Hij klapte in zijn handen en riep zijn twee bedienden. 'Lodewijk, scheer meneer! Daniel, knip de jongedame! Wil de jongedame op het paard zitten? We hebben een prachtig houten paard.'

'O ja,' riep Ibbeltje verrukt. 'Op het paard.'

'En ik zal mevrouw even inwikkelen,' zei de kapper. 'Tjonge, mevrouw, wat hebt u veel haar. Daar moeten wel tachtig wikkels in.'

'U doet maar,' zei moeder. 'Maar ik wou intussen graag de poes op schoot.'

'Pardon?' vroeg de kapper verbaasd.

'De poes op schoot,' zei moeder. 'U hebt immers een poes.'

'Inderdaad,' zei de kapper. 'Minetje.'

'Nou, roept u Minetje dan. Ik kan niet worden gepermanent zonder kat op schoot.'

'Poes poes poes,' riep de kapper.

'Poes poes poes,' riepen Lodewijk en Daniel.

En daar kwam Minetje heel voorzichtig op vier witte voetjes aanlopen.

Moeder nam haar op schoot en terwijl de kapper begon met wikkelen, vroeg ze: 'Heb jij nog wel eens iets van oom Boudewijn gehoord?'

'Pardon, zei u iets, mevrouw?' vroeg de kapper.

'Nee, ik zei niets.'

'O, neemt u me dan niet kwalijk,' zei de kapper een tikje verbluft.

'Mrow... wow... wow...' zei Minetje zacht.

'Het bos?' riep moeder geschrokken.

'Bos?' zei de kapper. 'Ja, u hebt een hele bos haar, dat is zo.'

'Mrieuw...' ging Minetje door.

'Wat zeg je, in een klem?' riep moeder.

'Hebt u last van dat klemmetje, mevrouw?' vroeg de kapper zenuwachtig. 'Het is toch maar een klein klemmetje.'

'Met z'n poot?' schreeuwde moeder.

Nu begreep de kapper er helemaal niets meer van. Hij trok z'n wenkbrauwen op en ging verder met de wikkels. Maar moeder sloeg zijn hand weg en sprong overeind. 'We moeten weg!' riep ze. 'We moeten dadelijk weg. Kom mee, vader, kom mee, Ibbeltje.'

'Maar mevrouw,' jammerde de kapper, 'dat kan niet. U hebt tachtig wikkels op uw hoofd.'

'Oom Boudewijn zit met z'n poot in een klem,' riep moeder. 'In het Woeste Bos.'

'We gaan mee, moeder.'

'Maar meneer, u bent net ingezeept,' kermde de kapper. 'En de jongedame is half geknipt. Waar gaat u heen? En u hebt de kaplakens nog om!' Hij probeerde hen nog tegen te houden, maar vader, moeder en Ibbeltje rukten zich los, vlogen de winkel uit en schoten de auto in.

Radeloos bleef de kapper achter en piepte: 'Begrijpen jullie daar iets van, Lodewijk en Daniël? Heb je gehoord wat ze riepen? Ze riepen: oom Boudewijn zit met z'n poot in een klem. Heb je ooit zoiets meegemaakt? Wat een volk! Ze hadden toch wel netjes kunnen zeggen: met z'n been in een klem?'

Intussen reed vaders wagentje heel hard in de richting van het Woeste Bos.

'Weet je ook wáár oom Boudewijn zit, met z'n poot in een klem?' vroeg vader. 'Waar precies?'

'In 't struikgewas onder aan het heuveltje,' zei moeder.

'Dan moeten we hier stoppen bij dit laantje,' zei Ibbeltje. 'En verder te voet.'

Het was nu helemaal donker. Vader zette de auto neer en ze gingen het bos in. Hoe dieper ze erin doordrongen hoe donkerder het werd. Vader en Ibbeltje konden geen hand voor ogen zien en telkens struikelden ze over boomwortels. Maar moeder, die vroeger een kat was geweest, zag prima.

'Hierheen,' riep ze telkens. 'Kom maar mee. Hou me maar vast. Pas op die stronk!'

Na een kwartier hielden ze stil. Ze waren nu vlak bij het heuveltje.

'Even luisteren,' zei moeder. 'Horen jullie miauwen? Hier moet het ergens zijn.'

Ze bleven roerloos staan en na een poosje hoorden ze duidelijk een zwakke kreet: 'Miauw...'

'Daar... achter die struiken...' zei moeder. 'Pas op, 't zijn struiken met stekels.'

'Mwu... mauw...' klonk het nu heel duidelijk.

'Ik zie hem zitten,' riep Ibbeltje.

'Warempel, daar zit-ie,' zei moeder zacht. 'Dag oom Boudewijn. Wij komen u helpen.'

Oom Boudewijn liet een erbarmelijk gekerm horen. 'Daar ben ik al, oom,' zei vader. 'Waar zit uw poot? Ach zo. Jazeker, die klem krijg ik wel los. Zo, met m'n zakmes. Nou niet krabben, oom Boudewijn. Ogenblikje nog.'

'O, hij is los! Kom in mijn armen, oom Boudewijn!' juichte moeder.

Het was een roerend weerzien. Moeder huilde van blijdschap en oom Boudewijn sloeg al zijn nagels dankbaar in haar bontjas en spon heel hard.

'Wilt u met ons mee naar huis?' vroeg moeder.

'Miee,' zei oom Boudewijn. Het betekende: nee. Hij vertelde moeder iets in de kattentaal.

'Zo zo,' zei moeder, 'ja, dat begrijp ik.'

'Wat zegt hij, moeder? Wat zegt oom Boudewijn?'

'Hij wil naar zijn eigen huis,' zei moeder. 'Hij hoort thuis bij mevrouw Bladerdeeg, die woont hier vlakbij, in dat grote landhuis, weten jullie wel?'

'Goed,' zei vader, 'dan brengen we u daarheen, oom Boudewijn. 't Is daar, ik zie het licht schijnen tussen de bomen.'

Moeder droeg oom Boudewijn teder in haar armen en even later stonden ze op de stoep van het oude landhuis. Vader drukte op de bel en een halve minuut daarna werd de deur opengedaan. Het was mevrouw zelf.

'Dag mevrouw,' zei vader, 'wij komen...'

Maar verder kwam hij niet want mevrouw begon te gillen. 'Help! Spoken!' gilde ze. En ze sloeg de deur pardoes voor hun neuzen dicht.

'Asjemenou,' zei vader verbaasd. 'Aardig! Wij brengen de kat en zij slaat de deur dicht.'

'Ik begrijp het wel,' zei Ibbeltje. 'Het komt door die kaplakens die we omhebben. We zien eruit als spoken met die witte dingen.'

'Dat is het,' zei moeder. 'En vader met z'n witte ingezeepte gezicht. En ik met al die wikkels in m'n haar. We zien eruit als enge spoken.'

'Nog maar eens bellen,' zei vader. 'En roepen. En zingen!'

We hebben uw kat gevonden,
hier is uw Boudewijn!
Z'n pootje moet verbonden,
z'n pootje doet zo'n pijn.
We hebben de kat gevonden,
al in het Woeste Bos,
hij heeft daar vastgezeten,
maar nu is hij weer los.

Dat hoorde mevrouw. Heel voorzichtig deed ze de deur open en keek. Toen zag ze oom Boudewijn en ze riep: 'Mijn Boudewijntje, mijn toedeltje, mijn honnepon. Drie dagen is hij weggeweest.' Ze had geen ogen meer voor de anderen en nam haastig de kat in ontvangst.

'Dag oom Boudewijn,' zei moeder. 'Morgen komen we nog wel eens kijken naar u.'

'O,' zei mevrouw, 'wilt u niet even binnenkomen?'

'Morgen,' zei vader. 'Morgen komen we terug. We moeten nu weer naar de kapper.'

'In elk geval... bedankt...' stamelde mevrouw. 'Ik ben zo blij. Mijn Boudewijn!'

'Kom mee, moeder,' zei vader. Ze wuif-den nog een keer achterom en gingen naar de auto terug.

De kapper keek tussen de gordijnen door naar buiten en riep: 'Lodewijk, Daniël, daar zijn ze terug. Ze komen de auto uit. Ze hebben de kaplakens nog om. Begrijpen jullie dat, Lodewijk, Daniël?'

'Nee meneer,' zeiden Lodewijk en Daniël.

'Dag mevrouw, dag meneer, dag jongedame,' zei de kapper beleefd. 'Zullen we maar weer doorgaan met wikkelen en scheren en knippen?'

'Astublief, meneer de kapper,' zei moeder met een zucht. 'Neemt u ons niet kwalijk dat we zo haastig wegliepen, maar het kwam zo: mijn oom Boudewijn zat...'

'... met z'n been in de klem,' zei de kapper. 'Ik begrijp het volkomen, mevrouw.'

En Ibbeltje mocht weer op het paard.

211

Het stoeltje dat kon wandelen

MET TEKENINGEN VAN PHILIP HOPMAN

Ziedaar mevrouw Van Mandelen.
Zij heeft in haar boudoir
een stoeltje dat kan wandelen.
Dat dribbelt achter haar.
En als mevrouw uit winkelen gaat,
dan kan zij, midden op de straat,
een beetje rusten op die stoel;
daar zit ze, midden in 't gewoel.
Ze wordt door iedereen gegroet.
De dominee tikt aan z'n hoed:
O, dag mevrouw Van Mandelen,
dag stoeltje dat kan wandelen!

Het stoeltje volgt haar op de voet,
waar ze ook gaat of staat.
Ook als ze naar de kerk toe moet.
Ze komt meestal te laat.
Mevrouw en 't stoeltje, allebei,
gaan op hun teentjes langs de rij
en als mevrouw dan knielt, in haast,
dan knielt het stoeltje ook, ernaast.
En ieder vraagt: Wat kraakt daar zo?

Ze kijken om en zeggen: O,
dat is mevrouw Van Mandelen
en 't stoeltje dat kan wandelen.

En als ze dan naar huis toe gaan,
dan gaan ze over 't gras.
Het stoeltje komt weer achteraan
en draagt de beugeltas.
Mevrouw gaat hollen naar lijn twee
en 't stoeltje holt natuurlijk mee.
De mensen zeggen allemaal:
Wat horen wij toch voor kabaal?
O kijk, wie rennen daar zo hard,
daarginder op de bloemenmarkt?
O, 't is mevrouw Van Mandelen
en 't stoeltje dat kan wandelen.

Nu zit mevrouw Van Mandelen
weer stil in haar boudoir,
en 't stoeltje dat kan wandelen
dat staat weer onder haar.
Dat was me wat. Dat viel niet mee.
Hè hè, ze hijgen alle twee.

De koning van Savoye

Dit is de koning van Savoye
die zoveel jonge dochters had:
zeventien lelijke, zeventien mooie,
zeventien blonde, zeventien rooie,
wat je maar wilt, van alles wat.

Al die prinsessen van Savoye
hadden drie kamerheren elk,
een voor het vriezen, een voor het dooien,
en om de kruimeltjes brood te strooien
over hun bord met karnemelk.

Iedere kamerheer van Savoye
had drie lakeien om zich heen.
Een om het huishouden te rooien,
een om met stenen naar te gooien
en eentje zo maar in 't algemeen.

Al die lakeien van Savoye
hadden een aapje met een staart
en al die aapjes in hun kooien
hadden wel honderdduizend vlooien,
dus dat was echt de moeite waard.

Want al die vlooien van Savoye
waren verschrikkelijk ongeremd,
gingen zich binnenshuis verstrooien
zoals dat meestal gaat met vlooien
en kropen in des konings hemd.

Die arme koning van Savoye
die zoveel jonge dochters had,
zeventien lelijke, zeventien mooie,
zeventien blonde, zeventien rooie,
had bovenal, dat was niet leuk:

jeuk,
erge
   jeuk!

De lange familie Pijpestang

MET EEN TEKENING VAN SYLVIA WEVE

Zeg, ken je de familie ook van Simon Pijpestang?
't Zijn zulke lieve mensen en ze zijn verbazend lang.
Zijn vrouw is lang, zijn zoon is lang, zijn dochter is twee meter.
Zijn and're zoon is net een hele lange schoeneveter.
Ze gaan op reis vanmorgen, zie je, Simon Pijpestang
gaat samen met zijn vrouw op reis, dat wilden ze al lang.
Want ergens heel ver, heel ver weg, in 't zuiden van Europa,
daar woont hun lange oma en daar woont hun lange opa,
daar zijn drie lange nichten en daar zijn een stuk of zeven
ontzettend lange, heeeele lange, ellen-lange neven.
Hoe willen ze daar komen? Wel, dat hoef je niet te vragen,
ze gaan niet met de trein, ze gaan gewoon met paard en wagen.
Dat paard van Simon Pijpestang, je staat beslist verstomd,
dat is zo lang, het lijkt wel of er nooit een eind aan komt.
Ze hebben ook een lange hond, het is een soort van taks,
die loopt een eindje achter, zie je 'm niet? Dan zie je 'm straks.
Tot ziens hoor, Simon Pijpestang, en doe vooral de groeten
aan alle lange mensen, die je ginder zult ontmoeten!

De lammetjes en de boze wolf

MET EEN TEKENING VAN MAX VELTHUIJS

Er waren eens twee lammetjes, ze heetten Florrie en Lorrie en ze woonden met hun moeder in de wei. Het waren hele lieve lammetjes, maar dom waren ze wel, hoor, erg dom. Moeder zei altijd tegen Florrie en Lorrie: Jullie mogen tot aan het watertje lopen en dan weer terug. En je mag ook tot aan de vlierstruik lopen en dan weer terug. Maar je mag nooit verder gaan dan de vlierstruik, want anders komt de wolf en eet je op.'

'Ja ma,' blaatten de lammetjes Florrie en Lorrie. Maar o, ze waren zo dom en ongehoorzaam. Op een dag gingen ze wandelen tot het watertje en weer terug. En toen tot aan de vlierstruik... En weer terug? Nee, nee, dat was het juist, ze gingen verder dan de vlier-struik... En daar had je het al, daar stond de boze wolf.

'Dag lammetjes,' zei de boze wolf met een vriendelijke stem.

'Dag meneer,' zeiden Florrie en Lorrie. 'U bent toch niet de boze wolf?'

'Warempel niet,' zei de boze wolf. 'Ik ben Simon Herdershond. Gaan jullie mee een eindje wandelen?'

'Astublieft, meneer Simon,' zeiden Florrie en Lorrie en ze dartelden en huppelden en sprongen en dansten naast de wolf.

Nu, de boze wolf dacht bij zichzelf: nog tien stappen, dan eet ik ze op. Nog acht stappen, dan eet ik ze op. Nu nog zes, nu nog vier stappen, nog twee stappen, nu nog één stap...

Toen stond de wolf stil. Hij sperde zijn grote boze muil wijd, wijdopen en wilde net HAP zeggen... en toen...

Daar kwam de echte Simon Herdershond aangelopen, zo hard als hij kon. Hij blafte en baste van woef, woef, woef! Hij kwam met een vaart aanstuiven en de boze wolf werd zo bang, zo bang, dat hij jankend de benen nam, zo hard hij kon, het bos in.

De lammetjes stonden verschrikt te kijken en Simon Herdershond zei: 'Jullie stoute, domme, ongehoorzame lammetjes. Gauw naar je moeder! Gauw!'

En de lammetjes Florrie en Lorrie liepen met hangende pootjes naar hun moeder terug. En ze dartelden en huppelden en sprongen en dansten niet meer, o, nee, ze liepen met hangende pootjes.

Simon Herdershond joeg ze naar hun moeder en de moeder zei: 'Ik dank je wel, Simon Herdershond. Je hebt mijn kindertjes gered, je bent een dappere hond. Maar jullie zijn domme lammetjes. En voor straf krijg je vanavond geen klaver en alleen maar gras. En je moet vroeg naar bed.'

De lammetjes huilden allebei een beetje, een heel klein beetje. Maar sinds die tijd zijn ze veel verstandiger geworden. Ze wandelen weer tot aan het watertje en terug. En ze wandelen tot aan de vlierstruik en terug. Maar nóóit verder, en dat is maar goed ook.

De koning wou gaan schaatsenrijden

MET EEN TEKENING VAN WIM BIJMOER

Er was een oude koning en zijn naam was Isidoor,
die wou gaan schaatsenrijden, in de tijd dat het nog vroor.
De zon scheen en het ijs was glad, er was maar één verdriet:
de koning kon niet rijden, neen, de koning kon het niet.
Toen liet hij zich maar dragen door twee deftige lakeien,
(die heb je, als je koning bent, de meeste tijd wel bij je).
En die twee konden schaatsenrijden, zó verbazend vlug!
Dat ging van zwiet naar links en zwiet naar rechts, en dan weer t'rug.
Ze reden langs de wallekant, ze reden op de sloot,
de koning was goed ingepakt, alleen zijn neus was bloot.

Nu zijn lakeien altijd hele deftige meneren...
(Ze mogen blijven kijken, als de koning gaat souperen.)
En deze twee, die waren deftig, déftig, lieve tijd,
ze reden met hun neuzen in de lucht van deftigheid.
Ze keken niet opzij, die twee, ze keken ook niet om,

ze keken ook niet naar het ijs, dat was een beetje dom,
ze reden met hun neuzen in de lucht en keken strak,
en toen en toen, daar heb je 't al, daar heb je 't al: het wak...

Er kwam een plons, een reuzeplons, de eerste reed erin,
hij zakte loodrecht naar benee, precies tot aan zijn kin.

De draagkoets schoot er overheen. De achterste lakei
viel ook weer regelrecht in 't wak. Hij kon er net nog bij.
Alleen de koning in zijn koets stond eenzaam op het ijs,
en schreeuwde: Help, een ongeluk! O, help mijn twee lakeis!
(Hij wou lakeien zeggen maar hij was zo overstuur.)
Gelukkig kwam er hulp, jawel, er was een boerenschuur,
daar kwamen toen twee boeren uit, ze hadden lange stokken,
ze hebben die lakeien aan hun pruik eruit getrokken.

Daar stonden ze, ze waren nat, en helemaal niet deftig.
Het is je eigen schuld, zo zei de koning, wel wat heftig.
Ze kregen baaien broeken aan en reden alle twee
de hele weg naar huis toe met hun neuzen naar benee.

En dit was de geschiedenis van koning Isidoor,
en als je 't niet geloven wil, dan laat je het maar, hoor!

Twee vleugeltjes

MET EEN TEKENING VAN GERDA DENDOOVEN

Dit is dappere Daan
en hij wou naar de maan,
en hij vroeg aan de leeuwerik: Hee!
Vind je goed dat ik even je vleugeltjes leen?
Nee, zei de leeuwerik, nee.

Toen is dappere Daan
naar de lijster gegaan,
en hij riep naar de lijster: Zeg hee!
Mag ik even, héél even je vleugeltjes aan?
Nee, zei de lijster, nee.

Daar kwam dappere Daan
bij het roodborstje aan,
bij het roodborstje ginds in de heg.
Nou, eventjes dan! zei het beestje spontaan.
Maar blijf je vooral niet lang weg?

Zo kreeg dappere Daan
die twee vleugeltjes aan,
en hij vloog en hij vloog en hij vloog!
Maar toch kwam dat jongetje niet bij de maan,
want de maan was te ver en te hoog.

Zo'n reis valt niet mee!
En hij kwam naar benee
en gaf netjes de vleugels terug.
En het roodborstje pakte ze aan, alle twee
en bond ze weer vast op z'n rug.

Toen is dappere Daan
weer naar huis toe gegaan,
want hij wou naar zijn bedje toe.
Maar het roodborstje moest op de grond
    blijven staan,
want z'n vleugeltjes waren te moe.

Dat héb je d'r van! riep de leeuwerik luid.
Wie leent er dan ook z'n vleugeltjes uit!

De graaf van Weet-ik-veel

MET EEN TEKENING VAN HARRIE GEELEN

In Umperadeel, daar stond een kasteel,
daar woonde de graaf van Weet-ik-veel,
een boze graaf, een woeste graaf,
een graaf met ijzeren kuiten.
En iedere keer als een dame of heer
daar langs moest gaan in het hondenweer,
dan stuurde de graaf van Weet-ik-veel
zijn vurige draak naar buiten.

O griezel, en als dan de maan stond te
    schijnen,
dan wapperden daar de gescheurde
    gordijnen,
dan kropen daar van die geniepige dieren,
dan kwamen er vam- en andere pieren,
en adders en uilen en slangen en padden
en beesten die zeventien staarten hadden.
En als je daar eenmaal heen was gegaan,
dan kwam je er nooit meer levend vandaan.
Gruw! Gruw! Gruw! Gruw! Gruw!

En vlak bij het kasteel van Umperadeel,
daar woonde de jonkvrouw Goud-in-me-
    keel,
die zong zo prachtig
als zij in het griesmeel stond te roeren.
En denk er es an, die boze man,
die boze graaf verzon een plan.
O lieve help, wat deed hij dan?
Hij wilde haar ontvoeren!

Toen 's avonds de maan begon te stralen,
toen ging hij de schone jonkvrouw halen.
Hij bond haar vast met een sokophouder,
hij zwaaide haar over zijn linkerschouder,
hij voerde haar mee in het nachtelijk uur,
en daar stond de draak en hij spuwde vuur!
Daar kwamen de uilen en slangen en
    padden.
Gruw! Gruw! Gruw! Gruw! Gruw!

Wat deed de jonkvrouw Goud-in-me-keel?
Begon zij te gillen? Integendeel.
Zij ging aan het zingen van troela-hi-ha,
van falderidee en jolderida!
En al de slangen en padden en uilen
begonnen toen zacht van ontroering te
    huilen.
En de draak werd mak en dat zie je niet vaak,
dat zie je maar zelden, een makke draak!

Daar in het kasteel van Umperadeel,
daar woont nu die graaf van Weet-ik-veel
en alle gordijnen zijn weer heel.
Nu wonen ze daar tezamen.
Nu drinken ze thee, zo knus met z'n twee
en de draak zit ied're middag op een kussen
voor de ramen.

De heerlijkste 5 december in vijfhonderdvierenzeventigjaar

MET TEKENINGEN VAN FIEP WESTENDORP

'Daar zitten we weer,' zei Sint.

'Zegt u dat wel,' zei Piet. 'Op de stoomboot naar Nederland. Net als ieder jaar. Voor de hoeveelste keer is dat nou, Sinterklaas?'

'Voor de vijfhonderdvierenzeventigste keer,' zei de Sint.

'Bah,' zei Piet.

'Wat nou "bah"...' zei Sinterklaas verontwaardigd. 'Waarom "bah"?'

'Ik heb er zo genoeg van,' zei Piet.

'Maar je houdt toch van de kinderen? En de kinderen houden toch van ons?'

'Welnee,' zei Piet. 'Ze houden alleen van onze cadeautjes. 't Gaat ze enkel om de pakjes. Verder nergens om. En 't gaat nog stormen ook. Bah!'

'Hoor 's Piet, dat mag je volstrekt niet zeggen,' zei Sinterklaas boos. 'Als je nog een keer "bah" zegt, ontsla ik je. De kinderen houden wel van ons. Ze zijn gek op ons...'

Hoeii... voor Sinterklaas verder kon spreken kwam er een windvlaag die bijna z'n mij-

222

ter meenam... de storm stak op... de lucht werd inktzwart... de golven werden hoger en hoger...

'Daar heb je 't nou...' schreeuwde Piet. 'We vergaan!'

'Onzin,' riep Sinterklaas. ''t Is al vijfhonderddrieënzeventig keer goed gegaan met die boot, waarom zouden we dan nu ineens... haboeh...' Sinterklaas kreeg een grote zilte golf naar binnen en hij moest met de ene hand z'n mijter en z'n staf vasthouden en met de andere de reling.

De storm werd steeds erger en heviger en woester en wilder en vreselijker. Huizenhoge golven, torenhoge golven... de stoomboot leek wel een plastic speelgoedscheepje op de Westeinder Plas.

'Ik ben zo bang...' huilde Piet.

'Onzin!' riep Sinterklaas weer.

En toen ineens... een ontzettende schok.

Het schip was op een klip gevaren. 'Help... help...' schreeuwde Piet. 'Help, de boot zinkt...'

'Wat zei je zo-even, Piet?' vroeg Sinterklaas, terwijl hij probeerde te zwemmen met zijn mijter op en zijn staf in de hand.

'Ik zei: De boot zinkt...' kreunde Pieter, die naast hem zwom.

'O,' zei Sinterklaas. 'Wel, je had gelijk. De boot is gezonken.'

'O, wat ben ik nat,' zei Piet. 'O, wat ben ik nat en koud en zielig. O, wat heb ik een medelijden met mij!'

'Denk liever aan die arme kindertjes in Nederland,' zei Sinterklaas. 'Als de Sint verdrinkt zullen ze nooit meer lekkers en speelgoed krijgen op vijf december. Daar ga ik, Piet. Ik ben te oud om in de Golf van Biskaje te liggen. Vaarwel dan Piet.'

'Nee,' riep Piet wanhopig, 'niet zinken

223

Sinterklaas. Daar drijft een grote balk! Misschien kunnen we erop klimmen.'

Hè hè, voorlopig waren ze gered. De goede Sint was z'n staf kwijtgeraakt. Z'n mooie mijter had hij nog op, maar het water droop eruit en het leek meer op een pudding dan op een mijter.

'En al m'n cadeautjes naar de haaien...' zuchtte Sinterklaas. 'En de marsepein en de chocoladeletters en de suikerbeesten, allemaal weg, allemaal weg. Wat moet er van ons worden? Hoe lang zullen we nog ronddobberen?'

'Ik zie land!' riep Piet. 'Kijk daar, land! En daar komt al een bootje om ons te redden. Dit moet de kust van Frankrijk zijn. Een Frans bootje!'

Gered... Eindelijk gered!

Druipend en rillend stonden Sinterklaas en Piet in de kamer van een lieve vishandelaar in een Frans kustplaatsje.

'Nous sommes Saint Nicolas et Pierre,' zei Sinterklaas. Dat is Frans en het betekent: Wij zijn Sinterklaas en Piet. Maar de vrouw van de vishandelaar begreep het niet zo goed.

Ze zei enkel: 'Arme arme schipbreukelingen...' (Ze zei het in het Frans natuurlijk.) 'Doe die natte kleren maar uit. Drink deze warme melk. Ik zal u een pak geven van mijn man. Zijn zondagse pak. En voor de jongen heb ik nog wel een stel kleren van m'n zoontje.'

'Hoe kunnen wij u ooit bedanken,' zei Sinterklaas. 'Hoe kunnen wij u ooit betalen. Al ons geld ligt in de zee.'

'Dat hindert niet,' zei de goede vrouw. 'U kunt ook bij ons logeren vannacht.'

'Dat is erg vriendelijk van u. Maar we hebben geen tijd,' zei de Sint. 'We hebben zelfs vreselijke haast. Hoe komen we ooit op tijd in Nederland. O lieve deugd, we komen nooit op tijd in Nederland. Daar zitten ze nu op ons te wachten en we komen te laat. Trouwens we hebben niet eens geld om verder te reizen.'

'Mijn man brengt u wel even naar Nederland,' zei de lieve mevrouw.

Sinterklaas en Piet zaten op de open vrachtauto en klampten zich vast, want de visboer reed ontzaglijk woest. Hij reed door alle stoplichten en dwars door alle douaneposten. Hij gierde door de bochten en raasde langs de wegen en denderde door de stadjes.

Maar voor Sint reed hij nog niet hard genoeg. 'Als we maar op tijd zijn... als we maar voor vijf december aankomen...' zuchtte hij. 'Harder astublieft, harder.'

En na een hele dag en een hele nacht rijden waren ze in Nederland. 'Naar Amsterdam?' vroeg de visman.

'Jazeker, naar Amsterdam,' zei Sinterklaas. 'De hoofdstad eerst.'

'Ik zet u hier af,' zei de visboer. 'Midden in Amsterdam. En ik ga direct terug; mijn vrouw zit te wachten. Adieu.' En weg was hij.

Daar stonden ze, in Amsterdam, midden op de Dam, voor het Paleis. Tussen de duiven. Tussen de mensen. Sinterklaas keek eens om zich heen en deed wat hij ieder jaar deed als hij in Nederland was. Hij knikte en hij wuifde en hij glimlachte. Er kwamen heel wat mensen langs. Maar ze keken niet eens naar Sint en Piet. Niemand keek. Niemand herkende hen. Helemaal niemand.

'Ik ben Sinterklaas,' zei de goede Sint tegen een voorbijganger.

De heer bleef even staan, snoof en zei:

'Brave man, je ruikt naar vis.' Toen liep hij door. Helaas, het was zo, ze roken naar vis. En niemand, niemand, niemand kende hen. Moedeloos gingen ze op een bank zitten bij het Monument.

'Daar zitten we nou,' zei Sint.

'Zegt u dat wel,' zei Piet. 'Geen cadeautjes. Geen geld. De mensen kennen ons niet. Heb ik het niet gezegd: alleen om de cadeautjes houden de kinderen van u.'

Op dat moment kwam er een heel klein meisje voorbij aan de hand van haar oma.

'Sinneklaas...' riep het kind.

'Dat is Sinterklaas niet,' zei oma. 'Dat is zomaar een man.'

'Sinneklaas...' zei het kind koppig en probeerde zich los te rukken van oma's hand.

Een ander kind riep ook: 'Sinterklaas.' Een klein jongetje begon te zingen: 'Sinterklaasje bonne bonne bonne.'

En al heel gauw stonden er wel duizend kinderen om de bank die juichten en zongen en schreeuwden. De vaders en moeders zeiden knorrig: 'Kom toch mee, Rietje, toe dan toch Jantje, dat is Sinterklaas niet, dat kun je toch wel zien. Dat is een man die naar vis ruikt.' Maar de kinderen rukten zich los en gingen toch. Sinterklaas gaf alle kinderen een hand en luisterde naar de liedjes. 'Waar is uw staf, Sinterklaas? En waar is uw mijter? Waar is de zak met cadeautjes?' vroegen de kinderen. Sinterklaas vertelde van de schipbreuk. 'Wat verschrikkelijk!' riepen alle kinderen.

'Arme Sinterklaas. Arme Zwarte Piet. De stoomboot is vergaan en nu zijn ze hier zonder hun kleren en zonder eten.'

Een paar grotere kinderen zeiden tegen elkaar: 'Weet je wat. Sinterklaas heeft ons zoveel keren cadeautjes gegeven, laten we het nu eens omdraaien. Wij geven hém wat.'

Ze renden naar huis en kwamen terug met een heleboel pakjes. Er zaten boterhammen in en worstjes en appels en frieten en flesjes melk. De een na de ander gingen de kinderen thuis iets halen. Behalve eten brachten ze echte cadeautjes mee. Ze gaven hun mooiste speelgoed, hun treinen en kraanwagens en speelgoedbeesten. Hun poppen en winkeltjes en keukentjes.

De grote mensen stonden in de verte te kijken en schudden het hoofd. 'Wat een gekke boel,' riepen ze. 'Zo'n gewone man die naar vis ruikt...'

Er kwamen nog twee kinderen aan met een heel, heel groot pak. 'Wat zou daar in zitten?' vroeg Sinterklaas nieuwsgierig. Hij genoot zo van al die cadeautjes, hij kon er niet genoeg van krijgen.

Voorzichtig maakte hij het grote pak open.

En wat zat erin? Een Sinterklaaspak en een Zwarte-Pietpak.

'We hebben het voor u gehuurd,' zeiden de kinderen. 'Met geld uit onze spaarpot. De pakken moeten wel terug, maar u mag ze een paar dagen houden.'

Sinterklaas kreeg tranen in zijn ogen, zo blij was hij. En Piet danste van geluk.

Achter de stenen leeuw van het Monument verkleedden zij zich. En toen ze weer tevoorschijn kwamen, barstten alle kinderen in luid gejuich uit en zongen: 'Zie de maan schijnt door de bomen.'

Dit was weer de goede Sint, zoals hij elk jaar in Nederland kwam. Dit was weer de vrolijke Zwarte Piet. Nu zagen de grote mensen eindelijk ook, dat ze het heus waren. Niemand twijfelde meer. Al roken Sint en Piet

nog steeds een beetje vissig... het hinderde niet meer.

Hij werd plechtig ontvangen, de Sint. Hij werd door iedereen toegejuicht, ook door de grote mensen en hij ging rond met Zwarte Piet, langs alle huizen, net of er niets gebeurd was. En cadeautjes om uit te delen had hij ook! Jazeker, al die pakjes die hij van de kinderen had gekregen, kon hij nu uitdelen. Ieder kind kreeg een cadeautje. En geen enkel kind kreeg zijn eigen speelgoed terug, daar zorgde Pieter wel voor. Zo gingen ze door heel het land.

Sinterklaas ging per vliegtuig terug en hij mocht gratis vliegen per KLM omdat hij een Zeer Belangrijk Persoon was. En toen hij terug was in Spanje, zond hij het Sinterklaas-pak en het Zwarte-Pietpak aangetekend terug. Met een briefje erbij: *Dit was de heerlijkste 5 december in vijfhonderdvierenzeventig jaar. Dank u!*

Het verwaande lichtje

Er stond een kerstboom in de zaal
met honderdduizend lichtjes.
De kinders zongen allemaal
met vuurrode gezichtjes.

Een lichtje was erbij dat vroeg:
Ben ik hier nou wel nodig?
Het is hier immers licht genoeg?
Ik ben zo overbodig!

Ik wou het liefst in 't donker gaan
naar buiten, waar 't gaat sneeuwen.
Toen vloog het weg, door 't open raam,
en al die kinders schreeuwen:

Daar vliegt een lichtje! Vang het, zeg!
Kijk daar, tussen de takken!
Maar 't lichtje was al zo ver weg,
ze konden 't niet meer pakken.

Het vloog zo hoog, het ging zo ver,
zo ver boven de velden.
De mensen zeiden: Kijk, een ster!
Zo'n mooie ziet men zelden.

Het lichtje zwol, en zei: Jawel,
ik ben een ster, hierboven.
Kijk ik 's schijnen! En zo fel!
Nou zal ik nooit meer doven.

Er kwam een stormwind en een vlaag
van natte sneeuw, en regen.
Het lichtje suisde naar omlaag,
want daar kon het niet tegen.

O kijk, daar valt een ster, o kijk!
zo fluisterden de mensen.
Ze riepen allen tegelijk:
Nou mogen we iets wensen!

En nu het Kerstmis is vandaag,
nu wensen we de vrede!
Nooit viel een sterretje als vandaag
zo pijlsnel naar beneden!

De mensen waren vol geluk
en werden warm van binnen.
Ze kregen het opeens zo druk.
Ze moesten nu beginnen

iets aan die vrede te gaan doen
waarin ze nu geloofden.
maar 't lichtje viel in een plantsoen
onder de sneeuw. En doofde.

Jip & Janneke · Een sneeuwman met een bezem

MET EEN TEKENING VAN FIEP WESTENDORP

'Vader, hoe maak je een sneeuwman?' vraagt Jip. 'Ik zal jullie helpen,' zegt vader. Hij haalt een schop uit de schuur. En Jip krijgt een klein schopje. En Janneke ook. En dan werken zij heel hard.

'Koud,' zegt Janneke. 'Mijn handen prikken.'

'Dat gaat wel over,' zegt vader. 'Hard werken.'

Eindelijk is de sneeuwman klaar. Hij heeft een hoed op. En hij heeft een bezem. En een oranje neus. Want zijn neus is een winterpeen.

'Dag man,' zegt Janneke. Maar de man zegt niets. Als je van sneeuw bent, zeg je niet veel.

'Moeder,' roept Jip, 'kom eens kijken.'

En moeder komt kijken. 'Wat een grote witte man,' zegt zij. 'Ik ben er bang voor. Hu, straks bijt hij.'

Janneke moet erom lachen. En dan gaat zij op het sleetje zitten. Jip moet trekken. Ze gaan de helling op. Het is erg zwaar voor Jip. En het is zo glad. Boem, daar valt hij. En het sleetje gaat achteruit, met een vaart. En Jip wordt meegetrokken, op zijn buik naar beneden.

'Nog eens,' roept Janneke.

Het is zo fijn dat er sneeuw ligt. Ze glijden de hele dag.

Maar de volgende morgen is het allemaal weg. De grond is weer zwart. Het regent.

Jip en Janneke gaan naar de sneeuwman kijken. Het is alleen nog maar een vies hoopje. En de hoed ligt op de grond. De neus ook. Arme sneeuwman.

De verhalen, fragmenten en gedichten over Pippeloentje, Pluk, Jip en Janneke, Floddertje, Wiplala, het schaap Veronica, Ibbeltje, Otje, Abeltje, Jorrie en Snorrie, tante Patent en Minoes zijn afkomstig uit de gelijknamige boeken, die terug zijn te vinden in de lijst met boeken van Annie M.G. Schmidt op de pagina hiernaast.

De verhalen 'Dries en de Weerwolf', 'De prinses met de gouden haren', 'Reus Borremans', 'Het lucifersdoosje' en 'Het beest met de achternaam' staan ook in *Allemaal sprookjes*, net als de bijbehorende illustraties. 'Klompen' werd eerder opgenomen in *Een visje bij de thee* (1983) en 'De pannenkoekenwedstrijd' in *Dit is de spin Sebastiaan* (1951). 'Waarom de Chinezen geen staarten meer dragen', 'Tante Tuimelaar verdwaalde', 'Meneer Hammes en de tijgers', 'De zoldermuizen op kaastrek', 'Betje en Hommertje' en 'De lammetjes en de boze wolf' maakten eerder deel uit van verschillende bundels, waaronder *Misschien wel echt gebeurd* (1997). Daaruit is ook de illustratie van Max Velthuijs op p. 215 afkomstig.

Spiegeltje Rondreis (1964), *Uit met juffrouw Knoops* (1989), *Kroezebetje* (1966) en *De heerlijkste 5 december* (2004) verschenen als zelfstandige publicaties en maakten deel uit van verschillende verzamelbundels.

De gedichten zijn afkomstig uit *Ziezo*. Net als voor de verhalen geldt dat de meeste oorspronkelijk werden gepubliceerd in *Het Parool*.

Alle informatie over publicaties van Annie M.G. Schmidt tot 2009 is terug te vinden in *Ik krijg zo'n drang van binnen*, de bibliografie van het werk van Annie M.G. Schmidt, samengesteld door Marcel Raadgeep (Amsterdam, 2009).

De kleurenillustraties op pagina 74 tot en met 77 maakte Fiep Westendorp voor *Tante Patent* (1988). De illustraties in kleur van Jip en Janneke maakte zij tussen 1976 en 1980 voor het tijdschrift *Bobo*. De illustraties van Wim Bijmoer zijn afkomstig uit *Het fluitketeltje* (1950), *Dit is de spin Sebastiaan* (1951) en *De lapjeskat* (1954). De illustratie van Harrie Geelen op pagina 204 is afkomstig uit *Ik wil alles wat niet mag* (2002). De illustraties op pagina 18, 49, 114, 115 en 183 zijn oorspronkelijk gemaakt voor *Het grote Annie M.G. Schmidt voorleesboek* (2005). De overige illustraties werden speciaal voor deze bundel gemaakt.

ANNIE M.G. SCHMIDT (1911-1995)

Staatsprijs voor kinder- en jeugdliteratuur
    1964
Constantijn Huygensprijs 1987
Hans Christian Andersenprijs 1988

Abeltje en De A van Abeltje (1953, 1955)
Wiplala (1957) Kinderboek van het jaar 1957
Het beertje Pippeloentje (versjes, 1958)
Het hele schaap Veronica (versjes, 1960)
Wiplala weer (1962)
Jip en Janneke (verhaaltjes, 5 delen, 1963-1965)
Tante Patent en de grote Sof (1968)
Minoes (1970) Zilveren Griffel 1971
Pluk van de Petteflet (1971) Zilveren Griffel 1972
Floddertje (1973)
Jip en Janneke (verzamelbundel, 1977)
Otje (1980) Gouden Griffel 1981
Ziezo. De 347 kinderversjes (1987)

Jorrie en Snorrie (Kinderboekenweekgeschenk
    1990)
Beestenboel (versjes, 1995) Venz
    Kinderboekenprijs 1996
Ibbeltje (1996)
Ik wil alles wat niet mag (versjes, 2002)
Pluk redt de dieren (2004) Prijs van de
    Nederlandse Kinderjury 2005
Allemaal sprookjes (2008)
Zing mee met Annie M.G. (2008)
Een jaar met Jip en Janneke (2009)
Jip en Janneke. Dieren (2010)
Jip en Janneke. Spelen (2010)
Jip en Janneke. Er is er een jarig (2011)
Floddertje in bad (badboekje, 2011)
Dag Pluk! (stofboekje, 2011)
Welterusten Pluk! (stofboekje, 2011)